미친
국어
사전

『표준국어대사전』 비판

국립국어원의

박일환 지음

미친
국어
사전

뿌리와
이파리

| 차례 |

들어가며

국어사전다운 국어사전을 꿈꾸며

지금까지 우리말을 다룬 책을 몇 권 내는 바람에 남들보다 국어사전을 뒤적일 기회가 많았다. 그럴 때마다 많은 도움을 받았고, 국어사전을 만드느라 애쓴 분들에게 고마움을 느꼈다. 하지만 아쉬움 또한 적지 않았으며, 국어사전이 지닌 문제점들이 눈에 들어오기 시작했다. 그중에서도 국립국어원이 편찬한 『표준국어대사전』은 허술함이 심각할 정도였다. 국립기관에서 펴낸 국어사전이라면 당연히 그 나라의 언어 정책과 연구 성과가 고스란히 반영되어 있어야 하는데, 오히려 『표준국어대사전』이 그런 성과를 갉아먹고 있다는 생각마저 들 정도였다.

어디서부터 얼마나 잘못됐는지 알아보자는 생각에 『표준국어대사전』을 뒤져가며 자료를 모으기 시작했는데, 작업을 진행할수록 절망감이 밀려왔다. 한마디로 부끄럽고 창피했다. 이토록 허술하고 오류투성이인 국어사전을 한 나라를 대표하는 국어사전이라고 말할 수는 없는 노릇이다. 작업을 하는 동안 내 페이스북 계정에 짤막하게 표준국어대사전에 대한 실망감을 드러낸 글을 올렸더니, 기자이면서 우리말 관련 책을 낸 어떤 이가 자신은 그동안 『표준국어대사전』에서 3,000개의 오류를 찾아냈다는 댓글을 달았다. 그 말이 과장이 아닐 거라는 짐작에 나의 절망감이 자리 잡고 있다. 사전이라면 마땅히 오류가 없어야 한다. 물론 사전 편찬도 사람이 하는 일이라 어쩔 수 없는 실수가 나올 수도 있지만 그러한 실수를 최대한 줄여야 하는 게 사전 편찬자들의 역할이다. 국립국어원 관계자와 『표준국어대사전』 편찬자들이 그러한 역할에 충실했다고 말할 수 있을까? 부끄러움에 얼굴을 들지 못해야 정상이라고 생각한다. 내 말이 지나친지 아닌지는 독자들께서 이 책을 다 읽고 판단해 주시기 바란다.

사전마다 편찬 원칙과 기준이 있을 터이다. 표제어 선정 범위부터 표기법, 어원이나 용례 제시 등 세세한 부분까지 미리 기준을 세워두고 작업을 하기 마련이다. 그런데 『표준국어대사전』은 이 부분에서부터 단추를 잘못 끼우고 있다는 생각이 든다. 그렇지 않고야 사전이 이렇게 질타를 받을 만큼 엉망일 수는 없는 노릇이다. 국립국어원은 자신들이 세운 편찬 원칙부터 돌아볼 일이다. 원칙은 고정불변이 아니다. 원칙이 불합리하거나 현실에 맞지 않는다면 원칙을 고쳐야 하는데, 그러지 않고 이미 세워 놓은 원칙에 얽매이다 보면 자가당착에 빠지기 쉽다.

덧붙여 말하자면 중심을 확고히 잡아야 한다. 국어사전이라면 마땅히 우리말이 중심에 놓여야 한다. 하지만 한자어와 외래어에 밀려 우리말은 천덕꾸러기 취급을 받고 있는 게 현재의 『표준국어대사전』이 갖추고 있는 일그러진 현실이다. 나아가 도무지 이해하기 어려운 화학용어, 물리용어 등 전문어들로 도배가 되어 있다시피 한 것도 기가 질리게 만든다. 그런 말일수록 뜻풀이도 불친절하기 짝이 없어서 가방끈이 짧은 사람은 접근하기도 어렵다. 그런 반면 정작 보통 사람들이 실생활에서 쓰고 있는 수많은 낱말들을 사전의 품안으로 끌어들이는 일에는 소홀하다. 표제어의 수록 범위를 밝히면서 '전문어와 고유 명사는 수가 많기 때문에 일부만 선별하여 수록하였다'라고 하지만 과연 그런지는 이 책을 읽으면 알게 될 것이다.

나는 국립국어원이나 『표준국어대사전』 편찬의 시스템이 어떻게 되어 있는지 모른다. 다만 결과물인 사전을 보고 판단할 뿐인데, 오류에 대한 점검과 개선 및 보완 작업이 시급하다는 생각을 한다. 국립국어원 홈페이지 게시판에는 문의사항뿐만 아니라 오류를 지적하는 글도 자주 올라온다. 그때마다 답변이 달리고, 때로는 사전 내용의 수정이 이루어지기도 하는 것으로 알고 있다. 하지만 이런 식의 임시방편으로는 한계가 있다. 10년, 20년을 내다보면서 완전히 새롭게 편찬한다는 각오를 다지지 않으면 해결이 불가능하다는 게 내 생각이다. 지금이라도 『표준국어대사전』 개정·보완 팀을 꾸려서 어디에 내놔도 부끄럽지 않은 국어사전을 만들기 위해 노력해야 한다. 그게 국민의 세금으로 운영되는 국립기관이 해야 할 도리이다.

이 책에서 『표준국어대사전』의 문제점을 모두 다루지는 못했다. 그럴 만한 능력도, 시간도 없기 때문이다. 나는 그저 우리말을 사랑하는 사람으로서 상식이라는 기준을 가지고 살펴보았을 따름이다. 나보다 더 많은 우리말 지식을 가진 사람이 새로운 시각에서 새로운 관점을 제시해 주기 바란다.

이 책을 쓰기 전에 일본 작가 미우라 시온三浦しをん이 지은 장편소설 『배를 엮다』를 감명 깊게 읽었다. 『대도해(大渡海)』라고 이름을 붙인 일본어 사전을 편찬하는 출판사 편집팀의 고군분투를 그린 작품이다.

10년이 넘는 세월 동안 온갖 어려움을 헤쳐 가며 언어의 바다를 건너 갈 수 있는 멋진 배를 만들기 위한 노력이 감동스럽게 다가온다. 실수로 낱말 하나라도 놓칠까 봐 때로는 한 달간 집에도 못 들어가면서 교정지를 들여다보고 또 들여다보는 모습은 눈물겹기까지 하다. 비록 소설일지라도 자신들의 말을 지키고 가꾸어가야겠다는 소명의식과 애정이 참으로 부러웠다.

우리나라에도 우리말을 지키기 위해 목숨까지 바친 분들이 있다. 일제강점기 때 조선어학회 사건으로 일본 경찰에 끌려가 모진 고문을 받다가 끝내 숨진 이윤재, 한징 같은 분들의 이름을 기억하는 이들이 얼마나 될까? "고유 언어는 민족의식을 양성하는 것이므로 조선어학회의 사전 편찬은 조선민족정신을 유지하는 민족운동의 형태다." 이들에 대해 내란죄를 적용한 당시 함흥지방재판소의 예심종결 결정문에 담긴 내용이다. 지금 사전을 편찬하는 이들에게 우리말로 된 사전 하나 만드는 데 목숨까지 걸어야 했던 그 시절을 돌아보라고 하는 건 무리한 요구일 것이다. 그럼에도 우리말을 목숨보다 소중하게 여겼던 그분들의 정신만큼은 되새길 필요가 있겠다.

『표준국어대사전』은 1999년에 인쇄물로 출판한 이후 지금까지 새로이 출판하지 않고 있다. 대신 국립국어원 홈페이지에 전자사전 형태로 모든 내용을 제공하고 있으며, 인쇄물 출판 이후 계속 내용을 수정·보완해 오고 있다. 이 책에 나온 모든 낱말과 뜻풀이, 용례 등은 국립국어원 홈페이지에 실린 『표준국어대사전』의 내용을 그대로 가져온 것이다. 혹시라도 이 책에 나온 낱말과 뜻풀이가 홈페이지에 실린 내용과 다른 경우가 있다면, 그것은 내가 작업한 이후에 홈페이지 내용이 수정되었기 때문이다. 이 책에 실린 내용은 2015년 8월 10일을 기준으로 홈페이지에 등재된 내용을 바탕으로 했음을 밝혀 둔다.

국어사전은 그 나라 언어의 보물 창고가 되어야 마땅하다. 그 나라 말이 얼마나 다양하고 풍요로우며 아름다운지를 알려주는 길잡이 역할을 충실히 할 수 있어야 한다. 『표준국어대사전』이 거듭나서 우리말을 사용하는 모든 이들의 숨결 속에 살아 있는 국어사전이 되기를 바란다.

제1장

한자어를 사랑하는
국어사전

우리말과 한자어

국어사전이 우리말보다 한자어를 더 사랑한다는 이야기는 무척 오래전부터 나왔다. 우리말을 찾아서 수록하려는 노력보다는, 대부분의 사람이 알지도 못하고 쓰지도 않는 한자어로 사전을 채워놓고 있다는 비판에 대해 국어사전 편찬자들은 지금도 모르쇠로 일관하고 있다. 지나치게 어려운 한자어는 물론이고 일본에서 건너온 한자어까지 마구 끌어다 놓고 제대로 된 설명조차 해 놓지 않는 건 대체 무슨 까닭일까?

우리말보다 한자어를 중심으로 사전을 만들고 있다는 건 『표준국어대사전』을 조금만 들추어 보아도 알 수 있다. 직접 살펴보기 전에 먼저 '우리말'에 대한 정의부터 짚고 넘어가자. 사전에는 '우리말' 항목에 대해 '우리나라 사람의 말'이라고 매우 간단하게 풀이해 놓았다. 그리고 다음과 같은 예문 다섯 개를 실었다.

· 순수 우리말
· 우리말의 우수성
· 우리말로 번역하다.
· 우리말을 아끼고 소중히 여기자.
· 우리말에 대한 인식이 요즘은 많이 달라졌다.

그리고 다른 표제어로 '순우리말'을 실었으며, 뜻풀이는 '우리말 중에서 고유어만을 이르는 말'이라고 해놓았다. 그렇다면 '우리말'은 고유어보다 넓은 범위의 언어를 가리키며, 한자어나 '외국에서 들어온 말로 국어처럼 쓰이는 단어'를 가리키는 외래어도 포함한다고 보아야 한다. 하지만 일상생활에서 사람들이 '우리말'이라고 할 때는 대개 순우리말, 즉 고유어만을 가리킬 때가 많다. 앞서 사전에 소개한 예문에도 그러한 사실이 분명히 드러나 있다. 두 번째와 네 번째, 다섯 번째의 예문에 쓰인 '우리말'은 누가 보더라도 순우리말을 가리키는 것임이 분명하다. 결국 '우리말'에 대한 사전의 뜻풀이가 너무 간략하다는 이야기가 된다. '우리말' 항목에 '우리나라 사람의 말'이라는 풀이와 함께 한자어나 외래어와 구분하여 고유어만 가리킬 때도 사용한다는 풀이를 덧붙여야 한다. 그런 차원에서 나는 이 책에서 고유어를 나타낼 때 '순우리말'이라는 낱말 대신 '우리말'이라는 낱말을 사용하려고 한다.

한 가지만 더 짚고 넘어가기로 하자. 사전에는 '한자어'를 다음과 같이 풀어놓고 있다.

한자어(漢字語): 한자에 기초하여 만들어진 말.

뜻풀이를 대하는 마음이 영 개운하지 않다. '기초하여'라는 말도 그렇거니와 군이 '만들어진'이라는 피동형을 써야 하는 걸까? 그냥 '한자로 만든 말' 혹은 '한자를 사용하여 만든 말'이라고 하면 훨씬 산뜻하고 귀에 잘 들어오는데 말이다.

같은 뜻을 나타내는 낱말이 여러 개인 경우가 많다. 흔히 이런 낱말들을 동의어(同義語)라고 부른다. 그런데 동의어 중에 우리말과 한자어가 있을 때 무엇을 중심으로 사전을 편찬해야 할까? 중국어 사전이 아니라 우리나라 국어사전이라면 당연히 우리말을 앞에 놓아야 한다. 하지만 국어사전은 우리말보다 한자어를 더 받드는 경우가 많다. 실제로 사전에서 어떻게 처리하고 있는지 알아보자.

낱말 : =단어(單語).

단어(單語): 분리하여 자립적으로 쓸 수 있는 말이나 이에 준하는 말. 또는 그 말의 뒤에 붙어서 문법적 기능을 나타내는 말. "철수가 영희의 일기를 읽은 것 같다."에서 자립적으로 쓸 수 있는 '철수', '영희', '일기', '읽은', '같다'와 조사 '가', '의', '를', 의존 명사 '것' 따위이다. ≒낱말02·어사10(語詞)「2」.

　'낱말'을 찾으면 '단어' 항목으로 가라고 해놓았다. 그리고 '단어' 항목에 뜻풀이를 자세히 달아놓았다. 그뿐만 아니라 단어가 들어간 합성어는 단어장(單語張), 단어집(單語集), 전단어(全單語), 단어체계(單語體系), 단어합성(單語合成), 단어구조(單語構造), 단어길이(單語--), 단어문자(單語文字), 단어용량(單語用量), 단어공간(單語空間), 부호단어(符號單語), 단어결합(單語結合), 단어글자(單語-字), 단어명료도(單語明瞭度), 단어형성론(單語形成論)처럼 많은 낱말들이 표제어로 올라 있다. 굳이 올리지 않아도 될 법한 것들이 올라 있는 반면에 낱말을 이용한 합성어는 '겹낱말' 하나만 달랑 표제어로 되어 있다. '단어체계'나 '단어구조'는 되고 '낱말체계'나 '낱말구조'는 왜 안 되는 걸까? 더 심각한 문제는 복합어를 가리키는 '겹낱말'은 올라 있는데, 단일어를 가리키는 '홑낱말'은 올라 있지 않다는 사실이다. 어찌 된 일인지 도무지 영문을 모르겠다.

이런 식의 한자어 우대가 『표준국어대사전』 곳곳에 보인다. 더 심각한 문제는 우리말로 된 낱말을 찾으면 뜻풀이 대신 같은 뜻을 지닌 한자어를 찾아가라고 표시해 놓은 경우가 많은데, 두 낱말의 뜻이 완벽하게 일치하지 않는 경우도 있다는 사실이다. 예를 들어보자.

돌무덤: 『고적』 =석총(石塚).

석총(石塚): 『고적』 돌을 쌓아 올려 만든 높은 무덤. 만주 지안 시(集安市) 일대의 토총, 고구려 고분 등이 대표적이다. 돌무지무덤, 고인돌, 돌널무덤 따위가 있다. ≒돌무덤.

'돌무덤'과 '석총(石塚)'이 과연 같은 말일까? 같은 말로 쓰이는 경우도 있지만 그렇지 않은 경우도 많다. 고려대학교 민족문화연구원이 제공하는 다음한국어사전은 '돌무덤'을 용례까지 들어가며 다음과 같이 자세히 풀어놓았다.

⑴ 돌로 된 무덤.

　　그리스 신화 속의 그 인물은 신전의 돌무덤에 갇히는 형벌을 받았다.

⑵ 크고 작은 돌이 한데 모여 쌓인 무더기.

　　강화댁은 서낭당 옆에 있는 돌무덤에 돌을 하나씩 쌓으며 매일 치성을 드렸다. 유의어: 돌무더기

⑶ [고고] 돌을 쌓아올려 만든 무덤. 유의어: 석총(石塚)

더 한심한 것은 『표준국어대사전』의 '석총' 뜻풀이에 나오는 '토총'
이라는 낱말이다. '토총'의 풀이는 '흙으로 쌓아 올린 무덤'이라고 되
어 있다. 내가 한심하다고 느끼면 과한 걸까?

낱말의 뜻을 풀 때는 가능하면 쉬운 말로 풀어야 한다. 하지만 상당수의 낱말 뜻풀이에서 지나치다 싶을 정도로 한자어를 많이 사용한다. '사별(死別)'을 풀면서 꼭 '죽어서 이별함'이라고 해야 했을까? '죽어서 헤어짐'이라고 풀면 얼마나 좋은가. 한자어를 많이 쓰다 보니 때로는 낱말보다 뜻풀이가 더 어려운 경우도 발생한다.

액세서리(accessory): 복장의 조화를 도모하는 장식품. '노리개', '장식물', '치렛감'으로 순화.

쉬운 말로 순화하라는 것까지는 좋았는데, 뜻풀이를 보면 복장, 조화, 도모, 장식품 등 조사를 빼면 모두 한자어이다. 왜 이렇게 한자어를 사랑하는 걸까? 더구나 '복장의 조화'라는 풀이도 적당한 표현이 아니다. 액세서리는 단순히 복장의 조화만을 위한 것이 아니기 때문이다. 반지가 복장과 어떤 관계가 있는가? 다음한국어사전에서는 다음과 같이 풀이하고 있다.

액세서리: 몸치장을 하는 데 쓰는 여러 가지 물건. 반지, 귀걸이, 목걸이, 팔찌, 브로치 따위가 있다.

『표준국어대사전』의 풀이와 비교하면 훨씬 정확하고 이해하기 쉬

우며 깔끔하다. 다른 낱말을 하나 더 보자.

액젓(液-): 젓갈을 갈아 액화한 것.

'액화'라는 말을 왜 끌어들였는지 모르겠다. '액화'의 뜻풀이는 다음과 같다.

액화(液化): 기체가 냉각·압축되어 액체로 변하는 현상. 또는 그렇게 만드는 일.

위 '액화'의 뜻이 맞는다면 '액젓'의 뜻풀이는 잘못된 셈이다. 기체를 압축한 게 아니기 때문이다. 쓸데없이 한자를 끌어들이는 바람에 뜻풀이마저 틀어져 버렸다. 그냥 쉽게 '젓갈을 갈아 즙으로 만든 것' 정도로 하면 될 일이었다. 다음 낱말도 마찬가지다.

화내다(火--): 몹시 노하여 화증(火症)을 내다.

도대체 '화증(火症)'이라는 말이 왜 들어갔을까? 화증의 뜻은 다음과 같다.

화증(火症): 걸핏하면 화를 왈칵 내는 증세.

역시 '화증을 내다'라는 말이 어색함을 알 수 있다. 지나친 한자어 사랑은 이렇게 우리말을 비틀어 버리곤 한다.

달걀과 계란

『표준국어대사전』에서는 '달걀'과 '계란'을 각각 다음과 같이 풀이하고 있다.

달걀: 닭이 낳은 알. 알껍데기, 노른자, 흰자 따위로 이루어져 있다. ≒계단05(鷄蛋)·계란·계자06(鷄子).

계란(鷄卵): =달걀. '달걀'로 순화.

우리말인 '달걀'을 한자어인 '계란'보다 우선해서 다루고 있으며, '계란'을 '달걀'로 순화해서 쓰라는 친절함까지 보이고 있다는 점에서 매우 반가운 일이다. 하지만 이런 반가움이 실망으로 바뀌는 건 순식간의 일이다. 달걀과 계란이 들어간 합성어들을 살펴보면 이유를 알 수 있다. 한자어인 '계란'이 들어간 낱말에 뜻풀이를 달아놓고 '달걀'이 들어간 낱말은 계란 계열의 낱말을 찾아가도록 하고 있기 때문이다. 아래 낱말을 사전에서 찾으면 모두 오른쪽 낱말로 옮겨 가도록 하고 있다.

달걀찜 → 계란찜

달걀밥 → 계란밥

달걀말이 → 계란말이

달걀죽 → 계란죽

달걀빛 → 계란빛

달걀구이 → 계란구이

달걀꼴 → 계란형

달걀술 → 계란주

'계란' 대신 '달걀'을 찾아가도록 하고 있는 낱말은 '계란찌개' 대신 '달걀찌개'를 먼저 소개한 것이 유일하다. '달걀옷'이나 '달걀부침', '달걀튀김' 등 몇몇 낱말이 '계란' 대신 홀로 쓰이고는 있지만, 이럴 거면 애초에 왜 '계란'을 '달걀'로 순화해서 쓰라고 했는지 모를 일이다. 이렇듯 사전이 빈말을 해도 되는 건지 모르겠다.

두 가지만 더 짚고 넘어가기로 하자.

오므라이스(▼←omelet rice): 밥을 고기나 야채 따위와 함께 볶고 그 위에 계란을 얇게 부쳐서 씌운 요리.

오므라이스의 뜻풀이를 하면서 '달걀' 대신 '계란'을 쓰고 있다. '달걀'을 쓰면 안 되는 것이었을까?

계란빵: 밀가루에 달걀을 넣고 둥글넓적하게 찌거나 구운 빵.

달걀빵: 「1」은어로, '총살'을 이르는 말. 「2」은어로, '사형'(死刑)을 이르는 말.

'달걀빵'을 은어로만 소개하면서 '계란빵'에 해당하는 뜻풀이는 해놓지 않았다. 그렇다면 사람들이 먹는 빵의 종류로 '달걀빵'이라는 말을 안 쓰고 있을까? 인터넷에 '달걀빵'을 입력하면 수많은 용례가 나온다. 많은 사람들이 '계란빵'과 함께 '달걀빵'을 쓰고 있다는 얘기다. 더구나 '달걀빵'을 총살이나 사형의 뜻을 지닌 은어로 사용하는 집단이 어떤 곳인지도 모르겠고 그런 용례를 찾기도 힘든 실정이다. 거의 죽어버리다시피 한 은어는 소개하면서 실제로 많은 사람들이 사용하는 용법은 무시하는 처사를 이해하기 어렵다.

이렇듯 우리말을 버리고 한자어를 받드는 예를 찾자면 한이 없다. 외국말, 한자말, 중국말, 일본말, 프랑스말 같은 낱말은 사전에 없다. 대신 외국어, 한자어, 중국어, 일본어, 프랑스어가 그 자리를 차지하고 있다. 잘못됐다고 느끼는 건 나뿐일까?

'-적(的)'을 사랑하는 국어사전

『표준국어대사전』에서는 '-적(的)'을 다음과 같이 풀이하고 있다.

-적(的): ((일부 명사 또는 명사구 뒤에 붙어)) '그 성격을 띠는', '그에 관계된', '그 상태로 된'의 뜻을 더하는 접미사.

'-적(的)'이라는 말은 평생 '우리말 바로쓰기 운동'에 힘써온 이오덕 선생이 오랫동안 자연스러운 우리말을 해치는 존재라고 줄기차게 비판한 말이다. 그럼에도 『표준국어대사전』은 '-적'을 무척 사랑한다. 가급적, 국가적, 기술적 등 표제어에 '-적'이 들어간 말은 셀 수도 없을 정도이며, 뜻풀이나 예문에도 수시로 등장한다. 그중에서도 뜻풀이에 가장 많이 등장하는 말이 '비유적'이라는 말이다.

고사리손: 어린아이의 손을 비유적으로 이르는 말.

'비유적으로'는 '비유해서'로 해도 충분하다. 나아가 '빗대어'라고 하면 더욱 좋겠다. 하나만 더 예를 들어보자.

기대치(期待値): 「1」 이루어지리라 기대하였던 목표의 정도를 비유적으로 이르는 말.

뜻풀이에 '비유적'이라는 말이 등장한다. 그런데 뭘 비유했다는 말일까? 치(値), 즉 값에 비유했다는 말 같은데, 굳이 그렇게까지 풀이할 이유가 있는지 모르겠다. '비유적'을 빼고 그냥 '이루어지리라 기대하였던 목표의 정도를 이르는 말'이라고 풀이하는 게 훨씬 깔끔하고 좋다.

'비유적'과 함께 뜻풀이에 많이 등장하는 말이 '일상적'이라는 말이다.

> **해**: 「1」 '태양'을 일상적으로 이르는 말.
>
> **왕새우**(王--): '대하'를 일상적으로 이르는 말.

꼭 이렇게 뜻풀이를 해야 했을까? 결국 '태양'은 전문어이고 '해'는 일반어라는 얘기다. 실제로 태양 항목에 가면 다음과 같이 자세히 풀어놓았다.

> **태양**(太陽): 「1」 『천문』 태양계의 중심이 되는 항성. 지구에서 가장 가까운 거리에 있으며, 자전 주기는 약 25일이며 막대한 에너지를 방출하는 중심핵, 그 바깥쪽에 있는 복사층과 대류층, 그리고 빛을 직접 바깥으로 방출하는 광구·채층·코로나를 포함하는 대기층으로 이루어져 있다. ≒양명(陽明). 「2」 매우 소중하거나 희망을 주는 존재를 비유적으로 이르는 말.

우리말은 전문어가 될 수 없다는 저 끈질긴 편견의 벽 앞에서 답답한 가슴만 두드릴 뿐이다(참고로 뜻풀이에 나오는 '복사층'과 '대류층'은 표제어에 없다). 그러니 '왕새우'에서 뜻풀이를 하고, '대하'에서 '왕새우를 이르는 한자어'라고 풀이하기를 기다리는 건 바보 같은 짓에 지나지 않을지도 모른다.

하여간 '-적'은 가능하면 안 쓰는 게 좋다. 안 써도 말의 뜻을 전하는 데 별다른 어려움이 없기 때문이다. 몇 가지 예를 더 들어보자.

스모: 일본의 전통적인 씨름.

그냥 '일본의 전통 씨름'이라고 풀이하면 된다.

문예연감(文藝年鑑): 한 해 동안에 문학과 예술계에서 일어난 일을 계통적이고 통계적으로 엮어 기록한 책.

'계통적이고 통계적으로 엮어'는 '계통에 따라 통계를 내어'라고 하면 된다.

시뮬레이션(simulation): 복잡한 문제나 사회 현상 따위를 해석하고 해결하기 위하여 실제와 비슷한 모형을 만들어 모의적으로 실험하여 그 특성을 파악하는 일.

나름대로 책을 좀 읽었다고 생각하는 나도 '모의적'이라는 낱말을 접해 본 기억이 거의 없다. '모의적으로 실험하여'는 '모의실험을 해서' 정도로 바꾸면 된다.

제품(題品): 사물의 가치나 우열을 문예적으로 평가하는 일.

'문예적으로'는 '문예로', '문예 표현으로'라고 바꾸면 된다. 나아가 '아름다운 말로' 정도로 하면 더 좋겠다.

학습자(學習者): 배워서 익히는 사람을 포괄적으로 이르는 말.

'포괄적으로'라는 말을 빼도 충분하다. 굳이 넣고 싶다면 '두루' 같은 말을 쓰면 된다.

더 이상 예를 드는 것도 부질없는 일이겠다. '미스터리적(mystery的)'을 떡하니 표제어로 올려놓고 있을 정도니 말이다.

한자어가 많은 이유

국어사전에 우리말보다 한자어가 많다는 사실은 대부분의 사람이 알고 있다. 오래도록 한자 문화권에서 살아왔기 때문에 어쩔 수 없는 현상이라고 넘겨버리기에는 찜찜함이 가시지 않는다. 가람이 강(江)에, 뫼가 산(山)에, 온이 백(百)에 밀린 것처럼 수많은 우리말이 한자어 때문에 사라진 것은 안타까운 일이지만 이제 와서 죽은말을 되살리자고 하기도 어려운 일이다. 다만 예나 지금이나 배웠다는 사람들이 나서서 우리말을 멀리하고 남의 말을 앞세우는 버릇에 대해서는 짚고 넘어갈 필요가 있다. 특히 '배웠다고 하는 사람들' 중에 국어사전 편찬자들이 있다는 사실은 매우 심각한 일이다.

국어사전 편찬자들이 우리말을 얼마나 무시하고 한자어와 외래어를 얼마나 사랑하는지 살펴보기로 하자. 사전에서 중국 청나라와 관련된 말들을 찾아보았다. 그랬더니 우리가 알 필요가 없는 말들을 지나치게 많이 실어놓았다.

가경(嘉慶): 중국 청나라 인종 때의 연호(1796~1820).

건륭(乾隆): 중국 청나라 고종 때의 연호(1736~1795).

동치(同治): 중국 청나라 목종 때의 연호(1862~1874).

숭덕(崇德): 중국 청나라 태종 때의 연호(1636~1643).

순치(順治): 중국 청나라 세조 때의 연호(1644~1661).

함풍(咸豊): 중국 청나라 문종 때의 연호(1851~1861).

옹정(雍正): 중국 청나라 세종 때의 연호(1723~1735).

……

표제어로 올라온 연호가 너무 많아서 몇 개만 실었다. 우리나라 국
어사전에 청나라 왕들의 연호를 이렇게 일일이 실어야 하는 걸까? 특
별히 중요한 왕들만 추려서 실어도 큰 문제가 없을 터이다. 더구나 건
륭이나 옹정처럼 어느 정도 알려진 왕들은 건륭제, 옹정제라는 항목
까지 만들어 다시 자세한 인물 소개를 하고 있는데 말이다.

이어서 아래 소개한 낱말들을 살펴보자.

청전(淸錢): 중국 청나라의 쇠돈.

청차염(淸差鹽): 중국 청나라 사신에게 주던 소금.

보복(補服): 중국 청나라 때에 문무관이 입던 대례복.

십종곡(十種曲): 중국 청나라의 이어(李漁)가 지은 희곡집.

미인제(美人祭): 중국 청나라 때 낭요(郞窯)에서 만든 도자기.

만주결(滿洲缺): 중국 청나라 때에, 만주 사람만을 임명하던 관직.

해관평(海關平): 중국 청나라 때에 해관세를 거두는 데 쓰던 저울.

강두홍(豇豆紅): 중국 청나라 강희 때에 만든 연한 주홍색의 도자기.

해갑청(蟹甲靑): 중국 청나라 강희제 때에 만든 어두운 청록색 물감.

이연총국(釐捐總局): 중국 청나라 말기에, 이금세(釐金稅)를 징수하던 총국.

교록(澆綠): 중국 청나라에서, 도자기를 구울 때 쓰던 잿물의 하나.

요록(澆綠): 중국 청나라 때에, 도자기를 구울 때에 쓰던 잿물.

교자(澆紫): 중국 청나라 때에, 도자기를 만드는 데 쓰던 잿물의 하나.

위와 같은 낱말들이 수백 개에 이른다. 역사 교과서에도 잘 나오지 않을 만큼 아무도 궁금해하지 않는 낱말들이다. 우리나라 국어사전이 왜 청나라 사람들이 도자기를 구울 때 쓰던 잿물 이름들까지 모두 찾아서 소개해야 하는 걸까? 아무리 생각해도 과잉 친절이 아닐 수 없다. 청나라와 관련된 말만 그러하겠는가? 당나라, 송나라, 원나라, 명나라 역시 마찬가지일 테니, 우리나라 국어사전에 한자어가 많을 수밖에 없는 이유가 이런 데 있다. 심지어 다음과 같은 낱말도 실어놓았다.

지부(芝罘): '옌타이'의 옛 이름.

중국 도시의 옛날 이름까지 우리가 알아야 할 이유가 뭔지 모르겠다.

그렇다면 우리말을 대하는 태도는 어떨까? 한 가지 예를 들어보자. 내가 살고 있는 부천에는 옹기박물관이 있다. 어느 날 옹기박물관에 가서 전시된 옹기들을 살펴보는데, 옹기 종류가 많은 만큼 크기와 모양에 따라 부르는 이름이 달랐다. 그런데 표지판에 적힌 상당수의 옹기 이름이 우리말인데도 낯설게 다가왔다. 사전을 찾아보았지만 없는 말이 매우 많았다. 가령 다음과 같은 말들이다(낱말들의 뜻은 내가 나름대로 조사해서 붙였다).

앵병: 액체 종류를 담아두는 목이 긴 독.
어그리옹기: 구울 때 유약이 멋대로 흐르거나 해서 모양이 어그러진 옹기.

납작병: 납작한 모양을 한 병.

굼탱이: 오줌 같은 액체를 담아두거나 운반하던 옹기.

회령단지: 함경도 회령 쪽에서 만든 작은 단지.

절미단지(節米--): 쌀을 조금씩 모아 두던 일종의 쌀 저금통.

버선항아리: 버선 무늬를 새겨 넣은 항아리.

조왕단지(竈王--): 부엌신인 조왕을 모셔두는 단지. 안에 쌀을 넣어둔다.

이 밖에 옹기와 관련된 말이 많은데 사전에 실리지 않은 것들로 다음과 같은 말들이 있다.

푸레독: 유약을 입히지 않은 독.

수박동이: 여자아이들이 물을 길어 나르기 위해 사용하는 수박처럼 둥근 물동이.

청수단지(清水--): 물을 담아두는 단지.

'간장독'은 사전에 있어도 '된장독'은 없고, 젓갈을 담아두는 '젓독'도 보이지 않는 상황이니 일러 무엇 하겠는가. 옹기박물관만이 아니라 국립중앙박물관이나 여러 지역에 있는 민속박물관 같은 데만 가보아도 사전에 없는 말들을 많이 만날 수 있다. 하다못해 『한국민족문화대백과사전』만 뒤져도 우리가 놓쳐버린 말들이 숨어 있을 것이다. 옛날 집의 형태인 '샛집', '까치구멍집', '굴피집', '똬리집', '투방집' 같은 말들을 모두 버릴 것인가.

'부채살'이나 '치마살' 같은 고기 부위별 이름이나 각종 음식 이름만 찾아도 지금 당장 사전에 올려야 할 말들이 넘쳐난다. 남의 나라 말들만 받들지 말고 숨어 있는, 아니 지금도 우리 곁에 있는 말들을 찾아내는 데 더욱 힘을 쏟을 일이다.

제 2 장

외래어를 사랑하는
국어사전

너무나 낯선 외래어들

외래어도 우리말이므로 사전에 실리는 것은 당연하다. 그리고 현대 사회는 전 세계가 하나로 묶여 가는 추세이므로 외래어가 점점 늘어나는 것 역시 당연하다. 하지만 국어사전에 실린 외래어들이 우리가 자주 사용하고 꼭 알아야 하는 말들인지에 대해서는 고개를 갸웃거리게 된다. 그 방면의 전문가가 아니면 알기 어려운 전문어가 지나치게 많아서 눈이 어지러울 지경이다. 외국 사람 이름이나 외국 지명 같은 걸 빼더라도 온갖 화학용어, 물리용어, 컴퓨터용어, 의학용어 등이 외래어의 절반 이상을 차지하고 있는 상황이다. 실태를 알아보기 위해 '프'로 시작하는 외래어를 인명, 지명 빼고 순서대로 10개만 소개한다(뜻풀이의 뒷부분은 생략했다).

프네우마(〈그리스어〉pneuma): 생명의 원리로서의 공기, 호흡, 정령 따위를 이르는 말.

프라디오마이신(fradiomycin): =네오마이신.

　＊네오마이신: 장(腸)을 수술할 때에, 세균 감염을 막기 위하여 쓰는 항생 물질.

프라세오디뮴(praseodymium): 희토류 원소의 하나. 은빛을 띤 백색의 금속으로 연성(延性)과 전성(展性)이 풍부하고 아연보다 단단하다.

프라운호퍼선(Fraunhofer線): 태양 광선을 분광기로 분해한 스펙트럼 속에 나타나는 무수한 암선(暗線).

프라이(fry): 음식을 기름에 지지거나 튀기는 일. 또는 그렇게 만든 음식.

프라이드(pride): 자신의 존재 가치, 소유물, 행위에 대한 만족에서 오는 자존심.

프라이밍(priming): 내연 기관을 시동할 때, 수동 펌프로 연료 공급관 내에 기름을 가득 채워 펌프나 관 내에 남아 있는 공기를 배출하는 일.

프라이버시(privacy): 개인의 사생활이나 집안의 사적인 일. 또는 그것을 남에게 간섭받지 않을 권리.

프라이빗브랜드(private brand): 판매업자가 소유하고 관리하는 상표.

프라이스라인방식(price line方式): 독립 전문점이 상품의 개성을 나타내기 위하여 고객의 요구를 여러 각도에서 추정하여 가격의 폭을 정하는 방식.

보통 사람들은 '프라이', '프라이드', '프라이버시' 정도만 들어보았을 것이다. 외래어나 외국어 사전이 아니므로 전문 분야에서만 사용하는 용어는 대폭 추릴 필요가 있겠다. 심지어 다음과 같은 낱말들이 왜 국어사전에 실려야 하는지 알 수 없는 일이다.

오럴법(Oral法): =구두법(口頭法).

롱샹(Longchamp): 프랑스 파리의 불로뉴 숲 가까이에 있는 경마장. 파리의 모든 유행을 한눈에 볼 수 있는, 여성 패션의 경연장으로도 유명하다.

맨틀피스(mantelpiece): 벽난로의 윗면에 설치한 장식용 선반.

로브몽탕트(〈프랑스어〉robe montante): 여자의 평상 예복. 깃을 깊게 파지 아니하고 어깨나 가슴을 감추고 소매가 손목까지 내려온다.

가네팅(garnetting): 방직하고 남은 지스러기를 섬유로 환원하는 일.

스타티세(Statice): =꽃갯길경.

콜(col): =안부(鞍部, 산의 능선이 말안장 모양으로 움푹 들어간 부분).

빅애플(Big Apple): '뉴욕'의 다른 이름. 사과가 뉴욕을 상징하는 데서 이르는 말이다.

뉴게이트(Newgate): 영국 런던의 구시가(舊市街) 서쪽 문에 있었던 감옥. 1902년에 헐리었다.

아래 낱말들은 『표준국어대사전』에 실린, 천이나 옷감을 나타내는 외래어들을 모아본 것이다. 국어사전에 실린 만한 것들인지에 대해서는 독자들의 판단에 맡긴다.

론(lawn), 섀그(shag), 팰리스크레이프(palace crape), 트리코편성물(〈프랑스어〉 tricot 編成物), 옥스퍼드(oxford), 텍스타일(textile), 네커치프(neckerchief), 숄(shawl), 오일실크(oiled silk), 페플럼(peplum), 밀라니즈(milanese), 고블랭직(〈프랑스어〉 gobelin 織), 메리야스(〈에스파냐어〉 medias), 밴디지(bandage), 더플(duffle), 타월(towel), 코튼(cotton), 오일클로스(oilcloth), 라셀레이스(Raschel lace), 개버딘(gaberdine), 면개버딘(綿gaberdine), 펠트(felt), 허니콤천(honeycomb-), 엑센(exsaine), 테토론(tetoron), 차도르(〈힌디어〉 chador), 하이모(hymo), 스카프(scarf), 고블랭(〈프랑스어〉 gobelin), 포럴(poral), 텍스타일(textile), 토브랄코(tobralco), 셰틀랜드(Shetland), 니트(knit), 플러시(plush), 모헤어(mohair), 모헤어플러시(mohair plush), 모헤어플리스(mohair fleece), 트로피컬(tropical), 오건디(organdy), 피케(〈프랑스어〉 piqué), 에버플리트(▼ever pleat), 오토만(ottoman), 크래시(crash), 롱클로스(longcloth), 브로드클로스(broadcloth), 헤어클로스(haircloth), 벨벳(velvet), 면벨벳(綿velvet), 시폰벨벳(chiffon velvet), 스테이플사(staple絲), 글로리아(gloria), 오팔(opal), 서지(serge), 면서지(綿serge), 노일클로스(noil cloth), 비닐리덴(vinylidene), 테릴렌(Terylene), 울(wool), 비

로드(〈포르투갈어〉veludo), 면비로드(綿←〈포르투갈어〉veludo), 캐시미어(cashmere), 모슬린(〈프랑스어〉mousseline), 면모슬린(綿〈프랑스어〉mousseline), 캠릿(camlet), 코듀로이(corduroy), 코르덴(corded velveteen), 저지(jersey), 캐멀(camel), 가스지지미(gas〈일본어〉chijimi), 실크울(silk wool), 샤크스킨(sharkskin), 포플린(poplin), 면포플린(綿poplin), 크래버넷(Cravenette), 실버톤(silverton), 타탄(tartan), 울조젯(wool georgette), 몰(〈포르투갈어〉mogol), 금몰(金〈포르투갈어〉mogol), 은몰(銀〈포르투갈어〉mogol), 시어서커(seersucker), 헤르(〈독일어〉Här), 스웨이드(suede), 모켓(moquette), 벨루어(velour), 엘라스티크(〈프랑스어〉elastique), 테렘프(teremp), 라메(〈프랑스어〉lamé), 보일(voile), 크레이프(crepe), 즈크(〈네덜란드어〉doek), 리넨(linen), 마틀라세(〈프랑스어〉matelassé), 시폰(chiffon), 브로케이드(brocade), 태피스트리(tapestry), 그로그랭(〈프랑스어〉gros-grain), 콥트직(Copt織), 색스니(saxony), 체비엇(Cheviot), 베이지(beige), 도스킨(doeskin)

한 가지만 더 사례를 들어 살펴보자. '페이퍼'가 들어간 외래어들을 모아보았다.

티슈페이퍼(tissue paper): 부드럽고 얇은 종이. 화장지 또는 손수건 대신으로 쓴다.

가닛페이퍼(garnet paper): 거친 면을 갈거나 다듬는 데 사용하는 종이. 한쪽에 석류석 가루를 붙였다.

페이퍼크로마토그래피(paper chromatography): =종이 크로마토그래피.

페이퍼백(paperback): 종이 한 장으로 표지를 장정한, 싸고 간편한 책. 문고판이나 신서판 따위로 영국의 펭귄 북스가 대표적이다.

러프페이퍼(rough paper): 거죽이 거칠거칠하고 부푼 인쇄용지.

아트페이퍼(art paper): =아트지.

옐로페이퍼(yellow paper): 저속하고 선정적인 기사를 주로 다루는 신문.

저지페이퍼(judge paper): 권투에서, 심판이 경기자의 득점을 각 라운드마다 적어 놓는 용지.

페이퍼스컬프처(paper sculpture): 한 장의 종이를 오리거나 접어서 입체적으로 구성하는 기법. 학이나 배 따위의 종이접기도 여기에 속한다.

위 낱말들 중에 굳이 사전에 싣지 않아도 되는 말들이 있다는 건 차치하고라도, 내가 이해할 수 없는 건 정작 '페이퍼'는 표제어에 없다는 사실이다.

여전히 남아 있는 일본 한자어들

한자어는 크게 중국에서 만든 말, 우리나라에서 만든 말, 일본에서 만든 말이 있다. 삼국 공통으로 쓰거나 우리나라 사람들이 만든 한자어는 문제가 없지만, 일본에서 만든 한자어가 늘 논란거리가 된다.

일본 사람들이 만든 한자어는 대부분 개화기 이후에 들어왔다. 우리보다 먼저 서양 문물을 받아들인 일본은 서양에서 쓰는 개념어들을 한자어로 번역해서 사용했고, 그런 말들이 우리나라에도 그대로 전해졌다. 이런 말들은 마땅한 대안이 없으므로 크게 문제 삼을 수 없다. 그보다는 대체할 수 있는 한자어가 있는데도 일본 사람들이 만든 한자어를 무분별하게 받아들여 사용하고 있는 현실을 점검하고 대책을 마련해야 한다.

이러한 문제점에 대해 그동안 많은 문제 제기가 이루어졌고, 국립국어원도 나름대로 고민을 하고 있으며 그러한 한자어를 대신할 수 있는 순화어를 제시하고 있다. 다만 아쉬운 것은 일본에서 건너온 한자어에 대해 일본 사람들이 만든 한자어라는 설명 없이 뜻풀이 끝에 덜렁 순화어만 제시하고 있다는 사실이다. 그러므로 일본 한자어냐 아니냐를 알아보려면 한자어 끝에 순화어를 제시하고 있느냐 아니냐 하는 점을 따져 보면 된다. 하지만 순화어 제시가 없어 그 낱말이 일본에서 건너온 말인지 아닌지 알 수 없는 경우도 있다. 사전 편찬자가 그 말이 일본 사람이 만든 한자어임을 모르기 때문에 발생한 일이라고 하겠다. 그러한 낱말 몇 개를 살펴보기로 하겠다.

• 절간고구마

사전에 '절간고구마'라는 말이 있는데, 어떤 고구마를 뜻하는 말인 지 아는 사람이 얼마나 될까? 낱말 자체를 생전 처음 들어보는 사람 이 많을 테고, 십중팔구는 절에서 재배한 고구마를 가리키는 말이라 고 생각할 듯하다. 하지만 사전에는 '얇게 썰어서 볕에 말린 고구마' 를 뜻한다고 해 놓았다. 절간고구마의 '절간'은 한자로 '切干'이라고 쓴다. 하지만 절간(切干)은 독립된 낱말로 사전에 올라 있지 않다. 어찌 된 일일까? 우리말 사전에 없는 대신 일본어 사전에는 '절간'이 나온 다. 일본어 사전에 'きりぼし(기리보시)'가 나오는데, [切(り)干し]로 쓰 고, '무나 고구마 따위를 썰어 말린 것'이라고 풀이해 놓았다. 결국 '절 간고구마'의 '절간'은 우리말이 아닌 일본말인 셈이다.

'절간고구마'를 뜻하는 우리말은 없을까? 표준어에 '말랭이'라는 말이 있다. '말랭이'는 사전에 다음과 같은 뜻으로 올라 있다.

말랭이: 「1」=무말랭이. 「2」 무나 가지 같은 것을 가늘게 썰어서 말린 것.

그렇다면 그냥 '고구마말랭이'라고 하면 될 일이다. 그리고 방언에 는 '뻬데기'나 '뻬깽이' 같은 말이 있다. '뻬데기'는 통영 등 경남 남부 지방에서, '뻬깽이'는 전라도 지방에서 고구마를 썰어서 말린 것을 뜻 하는 말로 쓴다. 특히 통영에서는 '뻬데기죽'이라고 해서 말린 고구마 를 넣고 끓인 죽이 향토음식으로 널리 알려져 있다. 그렇다면 차라리 '뻬데기'를 표준어로 사전에 올리는 것도 하나의 방법이겠다. 엉뚱한 일본말을 갖다 쓰느니 우리가 지금 쓰고 있는 말을 살려 쓰는 것이 훨씬 바람직한 일이다.

• 옥총

양파를 가리키는 한자어로 사전에 '호총(胡蔥)'과 '옥총(玉蔥)'을 올려두고 있다. 그중에서 '호총'은 양파를 가리키는 북한말로 소개하고 있으며, '옥총'은 특별한 설명 없이 양파라고만 해 놓았다. 일본에서 건너온 한자어는 대체로 순화어를 제시하고 있는데, '옥총'만큼은 그런 설명이 없다. 하지만 '옥총'은 분명히 일본 사람들이 만든 한자어이다.

중국에서는 '호총(胡蔥)'이라는 낱말이 당나라 초기 문헌에 나타난다. 일본에서는 '옥총(玉蔥)'이라 쓰고 '다마네기(たまねぎ)'라고 읽는다. 양파라는 말을 널리 쓰기 전만 해도 너도나도 '다마네기'라는 일본말을 쓰곤 했다.

우리나라에서는 1906년 뚝섬 원예모범장(농촌진흥청의 전신)에 처음 양파가 도입돼 시범 재배됐다. 명칭도 일본의 명칭인 '다마네기'를 그대로 따왔다. '총(蔥)' 대신 우리말인 '파'를 사용하면서 '옥파', '둥근파' 등으로 쓰이다가 지금은 '서양에서 들어온 파'라는 뜻을 담아 '양파'로 부르고 있다. '옥총'은 사전에서 빼든지 아니면 일본에서 건너온 한자어라는 사실을 밝혀야 한다.

• 수입포

군대에 갔을 때 낯선 말들을 참 많이 들었다. 나중에야 그 말들이 대부분 일본식 군대문화에서 비롯되었다는 것을 알고 씁쓸함을 느꼈다. 예를 들면 빈 병을 '공병(空甁)'이라고 한다든지 먹다 남은 밥을 '잔반(殘版)'이라고 하는 것들이다. 그중에서도 가장 이해하기 어려웠던 것은 총기를 손질하는 것을 '총기수입'이라고 한다는 점이었다. '수입'이라는 말에 대해서 닦는다는 뜻의 영어 'sweep'에서 왔다고 주장하는 사람들이 있다. 미군들이 쓰는 말을 따라하다가 '수입'으로 굳어졌다는 것이다. 하지만 이런 해석은 잘못된 것이며, 일본 한자말에서 비롯된 것이 분명하다. '총기수입'에 쓰이는 '수입'은 한자로 '手入'이라고 쓰고 '데이레'라고 읽는다. 일본어 사전에 다음과 같이 나와 있다.

　　ていれ(手入れ): 1. 고침; 손질함; 보살핌.

우리나라 군대도 지금은 일본 용어들을 벗어버리기 위해 노력하고 있다고 들었다. 그리고 국어사전들도 그런 말들을 쉬운 우리말로 순화해서 제시하고 있기도 하다. 『표준국어대사전』도 군대에서 총기를 손질한다고 할 때의 '수입(手入)'이라는 낱말은 싣지 않았다. 그런데 손질할 때 쓰는 헝겊인 '수입포'는 다음과 같이 남아 있다.

　　수입포(手入布): 『군사』 총을 닦는 데 쓰는 헝겊.

이 낱말은 순화어도 제시하지 않고 있다. 수입(手入)을 버렸으면 '수입포(手入布)'도 마땅히 버렸어야 한다.

• 공병과 공가
한자어에 '빌 공(空)'자가 들어간 말이 많다. 이들은 대체로 일본 사람들이 주로 쓰던 한자말일 경우가 많다.

공차(空車): 사람이나 짐을 싣지 않은 비어 있는 차. '빈 차'로 순화.

공지(空地): 「1」=공터. '빈 땅'으로 순화.

공병(空瓶): 비어 있는 병.

공가(空家): =빈집.

공돌다(空--): 「1」 쓰지 아니하고 남아서 이리저리 굴러다니다. 「2」 성과 없이 헛돌다.

일본에 가면 빈 택시 앞에 '空車'라고 써 붙인 걸 볼 수 있다. 우리나라 사람들은 이제 그런 표현을 쓰지 않는다. 위에서 '공차'와 '공지'는 순화어를 제시했는데, '공병'과 '공가'는 순화어 제시가 없다. 이유는 두 가지로 짐작해 볼 수 있다. 일본 한자어라는 걸 몰랐거나 아니면 우리나라나 중국 문헌에도 같은 한자어가 보이기 때문일 것이다. 두 번째에 해당하는 낱말들이 꽤 있다. 가령 남녀가 짝을 맺어 같이 사는 것을 가리켜 우리는 예로부터 '혼인(婚姻)'이라는 말을 주로 썼고, 일본은 '결혼(結婚)'이라는 말을 주로 썼다. 그래서 '결혼'이 일본 한자말이라고 주장하자 우리나라 문헌에도 드물긴 하지만 '결혼'이라는 한자말을 사용한 흔적이 있기 때문에 그렇게 볼 수 없다는 주장이 맞서 있다. 이럴 경우 정확히 판단하기 어려운 점이 있긴 하지만 일본 사람들이 주로 쓰던 말을 우리나라 사람들이 따라 쓰면서 널리 퍼졌다고 볼 때, 가능하면 우리말로 순화해주는 것이 옳다고 본다. '결혼'을 이제 와서 '혼인'으로 바꾸자는 건 어려울 수 있지만, 일반 사람들은 잘 쓰지도 않는 '공병'이나 '공가' 같은 말이라면 순화어를 제시해 주는 것이 좋겠다. '공돌다'라는 말도 마찬가지다.

• 집중호설

호우(豪雨): 줄기차게 내리는 크고 많은 비. '큰비'로 순화.

집중호우(集中豪雨): 어느 한 지역에 집중적으로 내리는 비. '장대비'로 순화.

집중호설(集中豪雪): 어느 한 지역에 집중적으로 내리는 눈.

'호우'는 일본식 한자어이며 '집중호우' 역시 일본 사람이 만든 말이다. 그래서 둘 다 순화어를 제시했다. 가능하면 쓰지 말아야 할 말이다. 하지만 기상청에서는 여전히 '호우주의보'나 '호우경보' 같은 말을 쓰고 있으며, 사전에도 실어 놓았다. 이참에 적당한 용어로 바꿔야 한다. 그리고 집중호우의 뜻을 '짧은 시간 동안 좁은 지역에 내리는 많은 비' 정도로 더 정확히 풀어주어야 한다.

이보다 더 큰 문제는 '집중호설(集中豪雪)'이라는 말이다. 잘 쓰지도 않는 말을 왜 사전에 올려두었을까? 더구나 순화어 제시도 없이 말이다. '호설(豪雪)' 역시 일본 한자어이다. '호설'이 사전에 없는 건 다행이지만 뜬금없이 '집중호설'을 실어놓은 건 이해하기 어렵다. 우리나라는 예로부터 '호설(豪雪)'이 아니라 '폭설(暴雪)'이라는 한자어를 썼다. 참고로 북한에서는 '호우'를 대신해서 '무더기비'라는 말을 쓴다.

• 호열자와 장질부사

호열자(虎列刺): '콜레라'의 음역어.

일본 사람들이 '콜레라(cholera)'를 받아들이면서 한자로 '호열랄(虎列剌)'이라 쓰고 자신들의 발음대로 '고레라'라고 읽었다. 그런데 이 말을 다시 우리가 받아들이는 과정에서 '랄(剌:어그러지다)'의 글자 모양이 '자(刺:찌르다)'와 거의 비슷하다 보니 혼동을 하는 바람에 '호열자(虎列刺)'로 만들어 버렸다. 그러므로 음역어이긴 하지만 제대로 된 음역어라고 하기도 어렵다. 단순히 음역어라고 하기보다는 이러한 정황을 밝히면서 잘못된 말임을 짚어주어야 한다.

장질부사(腸窒扶斯): =장티푸스.

비슷한 예로 장질부사(腸窒扶斯)라는 말이 있다. '질부사'는 서양말 'typus'를 일본 사람들이 '질부사(窒扶斯)'라 적고 '지부스'라고 읽은 것을 우리가 그대로 받아들인 것이다. 그러므로 이 말도 단순하게 '장티푸스'와 동의어라고만 할 게 아니라 이러한 사실을 정확히 밝혀놓아야 한다.

일본 한자어에 대해 일일이 캐어들기 시작하면 한이 없다. 하지만 우리말 속에 침투한 일본말에 대해서는 그동안 비판하는 책도 많이 나왔고, 문제 제기도 꾸준히 이어지고 있기에 이 정도로 그치고자 한다.

제 3 장

이상한 뜻풀이

국어사전에서 가장 중요한 것은 표제어 선정과 뜻풀이라고 할 수 있다. 그런데 표제어 선정도 문제지만 『표준국어대사전』의 뜻풀이를 찾아가다 보면 한숨이 절로 나오곤 한다. 간단한 예부터 살펴보자.

단상(斷想): 「1」 생각나는 대로의 단편적인 생각. 「2」 생각을 끊음.

첫 번째 풀이가 제대로 된 문장이라고 생각되는지? 국어사전의 뜻풀이는 쉽고 명확하면서도 우리말의 아름다움을 살려주어야 한다. 그런데 '생각나는 대로의'와 같은 엉터리 표현을 아무렇지도 않게 국어사전에 올려놓고 있다. 다음한국어사전은 다음과 같이 풀었다.

단상(斷想): 때에 따라 떠오르는 단편적 생각. 또는 그 생각을 적은 글.

'단편적'이라는 말을 써서 이것 역시 썩 좋은 풀이라고 생각하지는 않지만 그래도 『표준국어대사전』보다는 낫다.

또 다른 문제는 『표준국어대사전』의 두 번째 뜻풀이에 있다. 과연 단상을 '생각을 끊음'이라는 뜻으로 쓰는 경우가 있을까? 나는 지금까지 읽은 책과 글에서 그런 식으로 쓰는 경우를 한 번도 접해보지 못했다. 혹시 그렇게 쓰인 예를 찾아보지 않은 채 한자의 뜻을 곧이곧대로 풀어 놓은 게 아닐까 하는 의심이 든다. 뜻풀이만 있고 용례와 예문을 제시해 놓지 않아서 더욱 그렇다.

국어사전을 찾는 사람들이 가장 불만을 표시하는 게 바로 뜻풀이 부분이다. 특정 낱말을 찾으면 그 자리에서 금방 그 낱말의 뜻을 이해할 수 있어야 하는데, 뜻풀이에 나온 낱말을 다시 찾아야 하는 번거로움이 발생한다는 얘기다. 쉬운 낱말부터 예를 들어보자. '사립'이 궁금해서 사전에서 찾아보려면 다음과 같은 과정을 거쳐야 한다.

사립: =사립문.
사립문(--門): 사립짝을 달아서 만든 문.
사립짝: 나뭇가지를 엮어서 만든 문짝.

처음부터 '사립'의 뜻풀이를 '나뭇가지를 엮어서 만든 문짝을 달아 놓은 문'이라고 하면 될 일이다. '사립짝' 항목에 이미 풀이를 해 놓았으므로 '사립'과 '사립문'에서는 중복을 피하기 위해서라고 할지도 모르겠다. 아마도 사전 편찬을 위한 원칙에 그런 내용이 담겨 있을 것으로 짐작된다. 하지만 모든 원칙은 만든 사람 위주가 아니라 사용자 위주로 세워야 한다. 심한 경우에는 뜻풀이에 나오는 낱말을 서너 번 이상 계속 추적해 가면서 찾아야 한다. 그러다 보면 사전을 집어던지고 싶은 마음이 들기도 한다. 속된 말로 이용자를 뺑뺑이 돌리는 처사인가 싶은 생각이 절로 인다.

하나만 더 예를 들어보자. 책을 읽다가 '호박무늬'라는 말이 나와서 사전을 찾아보았다.

호박무늬(琥珀--): 호박단의 무늬.

이제 호박단을 찾아야 한다.

호박단(琥珀緞): =태피터.

왜 한자어보다 외래어를 앞세울까를 따져보는 건 시간 낭비이니 별 수 없이 '태피터'를 찾아야 한다.

태피터(taffeta): 광택이 있는 얇은 평직 견직물. 여성복이나 양복 안감, 넥타이, 리본 따위를 만드는 데에 쓴다. ≒호박단.

평직과 견직물을 또 찾아야 할까? 그건 차치하고라도 '태피터'까지 찾았지만 그래도 호박무늬가 어떤 모양의 무늬인지 감을 잡을 수 없다는 사실이다. 참으로 난감한 일이 아닐 수 없다.

알 수 없는 뜻풀이

아래 두 낱말의 뜻풀이를 보자.

엄지머리: 총각으로 늙는 사람이 하는 머리. 또는 그런 머리를 한 사람.

엄지머리총각(----總角): 엄지머리를 한 총각. 흔히 총각으로 늙는 사람을 이른다.

엄지머리는 과연 어떻게 생긴 머리 모양을 가리키는 걸까? 뜻풀이를 아무리 들여다봐도 도무지 알 길이 없다.

다음은 뜻풀이가 너무 어려워서 도무지 이해가 안 되는 경우이다.

알코올(alcohol) 「1」『화학』 사슬 또는 지방족 고리 탄화수소의 수소를 하이드록시기로 치환한 화합물을 통틀어 이르는 말. 「2」『화학』=에탄올. 「3」 '술'을 속되게 이르는 말. 「4」 소독약의 하나.

1번 풀이의 뜻을 이해할 수 있는 사람이 얼마나 될까? 아무리 화학 용어라고 하지만, 일반인도 어느 정도는 이해할 수 있도록 조금 더 쉽게 풀어 놓을 수는 없었을까? 더욱 문제인 것은 뜻풀이에 나오는 '하이드록시기'라는 낱말을 사전에서 찾으면 다음과 같이 나온다는 사실이다.

하이드록시기(hydroxy基): 『화학』 한 개의 수소 원자와 한 개의 산소 원자로 이루어진 일가(一價)의 원자단. 이온 결합인 무기 화합물의 수용액은 수산화물로 이온화하여 염기성을 나타내고, 공유 결합의 관능기(官能基)로 존재하는 유기 화합물의 수용액은 중성(中性)이나 수산기 속의 수소를 이온화하여 약한 산성을 나타낸다. 수산기를 가지고 있는 무기 화합물을 염기라 하며, 그중 물에 녹는 것을 알칼리라 한다. 화학식은-OH. ≒수산기·하이드록실기·히드록시기·히드록실기.

무척 자세하게 풀어놓긴 했는데, 알아들을 수 없는 말투성이이다. 어쩌면 사전 편찬자도 제대로 이해하지 못하면서 화학 분야의 전공자가 풀어다 준 뜻을 그냥 실었는지도 모르겠다. 이어서 소개할 낱말의 뜻풀이에 나오는 한자어들을 사전 편찬자들이 과연 알고 있는지 무척 궁금하다.

영조사(營造司): 『역사』 조선 시대에, 공조(工曹)에 속하여 궁실(宮室), 성지(城池), 공해(公廨), 옥우(屋宇) 따위의 건축 토목 공사와 가죽, 전계(氈罽) 따위의 일을 맡아보던 관아.

궁실(宮室), 성지(城池), 공해(公廨), 옥우(屋宇) 같은 말들은 그래도 사전에 나오니까 귀찮더라도 찾아보면 되는데, '전계(氈罽)'라는 한자어는 아예 사전에 나오지도 않는다. 한자 자체도 어려워서 웬만큼 한문 실력이 있어도 해독(解讀)하기가 어렵다. 다음한국어사전에는 다음과 같이 되어 있다.

영조사(營造司): [역사] 조선 시대, 공조(工曹)의 한 분장(分掌). 궁실(宮室), 성지(城池) 따위의 토목 공사와 가죽이나 털 제품에 관한 일을 맡아보았다.

다른 낱말 하나를 더 살펴보자.

지층(地層): 알갱이의 크기·색·성분 따위가 서로 달라서 위아래의 퇴적암과 구분되는 퇴적암체. ≒땅켜.

사전을 찾아보기 전에 내가 생각했던 '지층'의 뜻은 '땅의 표면을 이루는 부분' 정도였다. 하지만 위의 뜻풀이는 내가 지질학에 대한 지식이 없어서 그런지 모르겠지만 아무리 읽어도 그 뜻을 짐작할 길이 없다. 할 수 없이 다음한국어사전을 찾았더니 다음과 같이 풀어놓았다.

지층(地層): 물, 눈, 바람 등의 작용으로 자갈, 모래, 진흙, 화산회 등의 물질이 강이나 바다의 밑 또는 지표면에서 퇴적하여 이루어진 층.

이 정도면 뜻을 이해하는 데 큰 어려움이 없다. 그런데 『표준국어대사전』은 왜 그리 어렵게 풀이를 했을까? 더구나 다음한국어사전에는 아래처럼 '지층'의 동음이의어 하나를 더 소개하고 있지만 『표준국어대사전』에는 빠져 있다.

지층(地層): 건축물에서, 절반쯤이 지면 보다 낮은 위치에 있는 층. 여러 층으로 된 건물 따위에서 다른 층에 상대하여 이르는 말이다.

분명 우리가 실생활에서 사용하고 있는 말이다. 『표준국어대사전』의 소홀함을 이런 데서도 확인할 수 있다.

이번에는 불교 용어 몇 개를 살펴보자.

진해탈(眞解脫): 온갖 번뇌장을 끊고서 증득(證得)하는 부처의 열반.

한자로만 보면 '참된 해탈' 정도일 것 같은데, 풀이가 너무 어렵다. 다음한국어사전에는 나오지 않는 말이다. '증득(證得)'은 '바른 지혜로써 진리를 깨달아 얻음'이라고 풀이되어 있다.

하종하다(下種--): 「1」 씨를 뿌리다. 「2」 불보살이 중생의 마음에 성불의 씨를 뿌리다. 불법의 첫 연(緣)이다. 「3」 천태종에서, 원교(圓敎)를 듣고 원만한 이해가 생겨 항상 무명(無明)을 깨뜨릴 수 있는 동작, 말, 생각을 아뢰야식에 심다.

3번의 뜻풀이가 너무 어렵다. 다음한국어사전은 3번의 풀이를 빼고 다음과 같이 간단하게 풀었다.

하종하다(下種--): (1) (사람이) 씨를 뿌리다. (2) (부처나 보살이) 중생에게 성불과 득도의 씨를 내리다.

용어 하나만 더 보기로 하자.

환희지(歡喜地): 십지(十地)의 첫 단계. 보살이 일대(一大) 아승지겁의 수행을 하여 미혹을 끊고 이치의 한 부분을 증득(證得)한 경지로, 이 경지에 이른 사람은 이대(二大) 아승지겁을 지난 뒤에 성불한다. 이 단계에 이르면 자리이타의 행(行)을 이루어서 마음에 기뻐함이 많다 하여 이르는 말이다. ≒감인지·초지01(初地)「2」·초환희지.

같은 말을 다음한국어사전은 어떻게 풀었을까?

환희지(歡喜地): 십지(十地)의 처음 단계. 보살이 부처가 되기 위해 수행하는 단계의 하나로, 번뇌를 끊고 마음속에 환희를 일으키는 경지를 말한다.

어느 게 과연 국어사전다울까? 국어사전이 있어야 하는 이유에 대해 국립국어원은 정말 심각하게 생각해보아야 한다. 내 생각에 국어사전의 뜻풀이는 중학생 정도의 수준에서 충분히 알아들을 수 있는 말로 풀어야 한다고 본다. 더구나 우리말을 배우고 싶어서 한국어사전을 찾는 외국 사람들도 있을 텐데, 위와 같은 식으로 풀어놓으면 대체 어쩌란 말인가. 우리말 사전이 외국어 사전보다 더 이해하기 어려운 말로 되어 있으니 '통탄스럽다'는 말이 절로 나올 지경이다.

부족하거나 잘못된 뜻풀이

• 컴퓨터 관련 용어들

분류 항목이 『컴퓨터』로 된 낱말들을 찾으면 상당수가 뜻풀이에 문제가 있다. 처음에는 컴퓨터 용어로 출발했지만 차츰 다른 뜻을 더 지니게 된 경우가 많은데, 그런 부분을 전혀 반영하지 않고 오로지 컴퓨터에 한정된 뜻풀이만 제시하고 있다. 『표준국어대사전』과 다음한 국어사전의 뜻풀이를 비교해 보면 차이점을 명확히 알 수 있다. (¶: 『표준국어대사전』, ▲: 다음한국어사전)

¶ **오프라인**(off-line): 『컴퓨터』 단말기의 입출력 장치 따위가 연결되어 있지 아니하여 중앙 처리 장치의 직접적인 제어를 받지 아니하는 상태.

▲**오프라인**(off-line)1: [전산] 컴퓨터와 관련된 기기들이 중앙 처리 장치와 연결되어 있지 않은 상태나 그 방식.

▲**오프라인**(off-line)2: 온라인(on-line)에 상대하여 인터넷과 같은 가상 공간이 아닌 실재하는 공간, 또는 사람들이 실제로 경험하는 현실의 세계를 가리키는 말.

¶ **키워드**(key word): 『컴퓨터』 데이터를 검색할 때에, 특정한 내용이 들어 있는 정보를 찾기 위하여 사용하는 단어나 기호. 늑키 단어.

▲**키워드**(key word): (1) 어떤 문장을 이해하거나 문제를 해결할 수 있는 실마리가 되는 말. (2) [전산] 데이터를 검색할 때 필요한 정보를 빨리 찾아내기

위해 사용하는 단어나 기호.

¶ **시스템**(system): 『컴퓨터』 필요한 기능을 실현하기 위하여 관련 요소를 어떤 법칙에 따라 조합한 집합체.

▲**시스템**(system): (1) [전산] 외부로부터의 힘에 의해 동작하는 일련의 자동 기계 장치. (2) 어떤 목적을 위하여 체계적으로 짜서 이룬 조직이나 제도. (3) [전산] 필요한 기능을 실현하기 위하여 관련 요소를 어떤 법칙에 따라 조합한 집합체.

¶ **업그레이드**(upgrade): 『컴퓨터』 하드웨어나 소프트웨어의 성능을 기존 제품보다 뛰어난 새것으로 변경하는 일.

▲**업그레이드**(upgrade): (1) 어떤 것의 격이나 품질 따위가 높아짐. (2) [전산] 하드웨어나 소프트웨어의 성능을 기존 제품보다 뛰어난 새것으로 변경하는 일.

¶ **와일드카드**(wild card): 『컴퓨터』 운영 체제 명령어에서 파일의 이름을 지정할 때에, 여러 파일을 한꺼번에 지정할 목적으로 사용하는 기호. 예를 들어 '*'는 임의의 문자열을 나타내고, '?'는 임의의 한 문자를 나타낸다.

▲**와일드카드**(wild card) (1) [체육] 정상적인 방식으로는 플레이오프에 진출을 못했지만, 특별한 방식으로 플레이오프에 진출하는 팀이나 선수. (2) [전산] 컴퓨터 운영 체제 명령어에서 파일의 이름을 지정할 때, 여러 파일을 한꺼번에 지정할 목적으로 사용하는 기호.

¶ **동영상**(動映像):『컴퓨터』 컴퓨터 모니터의 화상이 텔레비전의 화상처럼 움직이는 것. ≒동화상.

▲**동영상**(動映像): [전산] 움직이는 영상.

컴퓨터 모니터에서 움직이는 화상만 동영상일까? 보통 '동영상을 찍는다'라는 표현을 많이 쓰고 있으며, 캠코더나 스마트폰으로 찍은 다음 굳이 컴퓨터 화면에 띄우지 않아도 동영상은 그 자체로 동영상이다. 다음한국어사전에서 풀이한 '움직이는 영상'이라는 뜻 외에 더 이상 뭐가 필요한 걸까?

¶ **파티션**(partition):『컴퓨터』 하나의 물리적 저장 장치를 논리적인 여러 부분으로 분할하는 것. 실제 물리적으로 분할하는 것이 아니고 논리적으로 분할하여 이용을 간편하게 한다.

다음한국어사전에서도 컴퓨터 용어로만 풀이를 해 놓았는데, 실생활에서는 사무실의 조립식 칸막이 등을 이르는 말로도 많이 사용하고 있으므로 그러한 뜻을 추가해야 한다.

¶ **체크리스트**(check list):『컴퓨터』 시스템의 성능을 평가하거나 동작을 점검할 때 여러 가지 기준에 대한 질문을 나열한 검사용 표.

다음한국어사전에도 비슷하게 풀이되어 있지만, 이 말 역시 컴퓨터 관련 용어로만 쓰이는 것이 아니다. 다양한 분야에서 이루어지는 활동을 점검하는 표라는 뜻으로 많이 쓰고 있다.

반면에 '모니터' 항목에서는 컴퓨터와 관련된 뜻풀이가 나오지 않는다. 왜 그런 건지 이해할 수 없는 일이다. 역시 두 사전을 비교해 보자.

¶ **모니터**(monitor): 「1」 방송국이나 신문사의 의뢰를 받아 프로그램이나 기사에 대한 의견을 제출하는 사람. 「2」 라디오·텔레비전의 방송이나 송신 상태를 감시하는 사람. 또는 그런 장치. 「3」 생산 업체의 의뢰를 받아 상품을 써 보고 그 결과를 보고하는 사람. '논평자', '정보 제공자', '평자02', '협찬 위원'으로 순화.

▲**모니터**(monitor): (1) 컴퓨터 따위에서, 컴퓨터의 처리 결과를 눈으로 볼 수 있도록 화면이 나오는 기계 장치. (2) 언론사나 생산 업체의 의뢰를 받아 방영된 내용이나 기사를 보거나 제품을 이용한 뒤 그에 대한 의견이나 그 반향을 보고하는 사람. (3) 라디오, 텔레비전 방송이나 송신 상태를 감시하는 사람. 또는 그런 장치. (4) [물리] 방사선을 관리하기 위하여 쓰는 감시 장치. (5) [전산] 컴퓨터 내부의 메모리를 감시하는 프로그램. (6) 언론사나 생산 업체의 의뢰를 받아 방영된 내용이나 기사를 보거나 제품을 이용한 뒤 그에 대한 의견이나 그 반향을 보고함.

• **텔레마케팅**

텔레마케팅(telemarketing): 『경제』 컴퓨터 따위의 통신 장치를 이용하여 상품이나 서비스의 주문을 받아 소비자에게 효율적으로 제공하기 위한 활동. '원거리 판매'로 순화.

텔레마케팅이 '과연 컴퓨터 따위의 통신 장치를 이용'하는 판매 행위일까? 오히려 컴퓨터보다는 전화를 이용한 판매 행위가 우리에게 더 익숙한 개념으로 다가올 것이다. '원거리 판매'로 순화하라는 것도 뜬금없다는 생각을 하게 한다. 같은 낱말을 다음한국어사전에서는 다음과 같이 풀이하고 있다.

텔레마케팅(telemarketing): 전화 등의 통신 수단을 이용한 상품이나 서비스 판매 활동.

사전은 실생활에서 쓰는 용법에 맞게 낱말의 뜻을 풀어야 한다.

• 킥복싱과 무예타이
『표준국어대사전』에서 킥복싱과 무예타이를 찾아보았다. 먼저 『표준국어대사전』의 뜻풀이다.

킥복싱(kickboxing): 주먹, 발, 팔꿈치, 무릎을 사용하여 상대편을 공격하는 태국 특유의 변형 권투.

'무예타이(muay Thai)'는 따로 표제어에 올려두고 있지 않으며 다만 신어자료집에 '킥복싱(kickboxing)'과 같은 말이라고 해놓았다.

킥복싱과 무예타이는 서로 비슷한 점이 있긴 하지만 엄연히 다른 운동 경기이다. 다음한국어사전에는 킥복싱과 무예타이를 다음과 같이 풀이하고 있다.

킥복싱(kickboxing): 타이식 권투에 일본 가라테(唐手)를 한데 합한 격투 경기.
무예타이(muay Thai): 주먹, 발, 팔꿈치, 무릎을 사용하여 상대편을 공격하는 태국의 전통 무술.

　결론부터 말하면 『표준국어대사전』의 설명이 틀렸다. 킥복싱은 1960년대에 일본의 흥행사가 타이식 복서를 일본에 불러들여 가라테 선수들과 시합을 시킨 것이 계기가 되었다. 이때 무예타이의 위력을 실감한 일본 사람들이 무예타이에서 지나치게 위험한 동작을 걷어낸 다음 가라테 기술을 합쳐서 킥복싱이라는 새로운 형식의 시합을 만들어냈다. 그러므로 무예타이는 태국 고유의 운동이고, 킥복싱은 일본 사람들이 뒤늦게 무예타이를 흉내 내서 만든 운동이다. 한 나라의 고유한 운동을 홀대하고, 무예타이에서 변형된 운동을 앞세우는 건 잘못된 일이다. 지금이라도 무예타이를 표제어로 올리고 뜻풀이도 바로잡아야 한다.
　같은 전통무예라도 일본식 권법인 가라테는 무예타이에 비해 『표준국어대사전』에서 극진한 대우를 받고 있다. 가라테를 표제어로 올린 것은 물론이거니와 가라테 동작에 해당하는 자은형(慈恩型), 십수형(十手型), 발색형(拔塞型), 평안형(平安型), 태극형(太極型), 철기형(鐵騎型) 같은 말들도 표제어로 올려 친절히 설명하고 있기 때문이다.

• 목례

목례(目禮): =눈인사. '눈인사'로 순화.

'목례'와 '눈인사'는 과연 같은 말일까? 사전에는 '눈인사'를 '눈짓으로 가볍게 하는 인사'라고 풀이했다. 하지만 실생활에서 우리는 '목례'를 보통 '가볍게 고개를 숙이며 하는 인사'로 이해하고, 실제로 그렇게 한다. 따라서 사전의 '목례' 뜻풀이가 잘못되었다고 말할 수밖에 없다. 사전의 뜻풀이에 따라 동작을 강요할 수 있는 일이 아니므로 실제 이루어지는 동작에 맞게 뜻을 풀어주어야 한다.

• 바둑점과 끝내기

바둑점(--點): 바둑돌과 같이 동글동글한 점.

끝내기:「1」일의 끝을 맺는 일.「2」바둑에서, 끝마감으로 바둑점을 놓는 일.

'끝내기'의 두 번째 풀이에서 '바둑점을 놓는 일'이라고 했으므로, 바둑점은 바둑을 둘 때 사용하는 돌을 이르는 게 분명하다. 그런데 정작 '바둑점'의 뜻풀이에서는 바둑돌과 같이 생긴 점이라고 했으므로 바둑을 둘 때 사용하는 돌을 가리키는 게 아니다. '바둑점'의 뜻풀이를 바꾸거나 '바둑돌'이라는 뜻풀이를 추가해야 한다.

• 게장

게장(-醬):「1」염장한 게를 간장에 숙성한 다음, 그 간장을 따라 내어 끓였다가 식혀, 숙성한 게에 다시 부어 삭힌 음식.

염장은 소금에 절여서 저장한다는 뜻인데, 게장을 담글 때 염장한 게를 사용한다는 말은 처음 들었다. '염장한 게'가 아니라 '깨끗이 씻어 물기를 뺀 게'라고 해야 한다.

• 떡갈비

떡갈비: 갈빗살을 다져서 양념한 후 갈비뼈에 얹어 구운 요리.

떡갈비가 과연 갈비뼈에 얹어 구운 요리일까? 나로서는 듣도 보도 못한 이야기이다. 옛날에는 그런 식으로 요리를 한 경우가 있었는지는 몰라도 지금 우리가 알고 있는 떡갈비의 조리 방법과는 거리가 있는 풀이라고 하겠다. 다음한국어사전에는 아래와 같이 풀이되어 있다.

떡갈비: 소나 돼지의 늑골에 붙은 살을 떼어 다지고 양념하여 떡처럼 만들어서 구운 음식.

• 종이옷

종이옷: 부직포를 재료로 하여 만든 옷. 값이 싸기 때문에 여러 방면에 응용하여 쓴다.

종이옷은 정말 부직포로만 만들까? 더구나 부직포는 종이보다는 천의 한 종류로 구분되는데 말이다. 닥종이나 한지로도 종이옷을 만든다는 사실을 사전 편찬자는 알지 못했나 보다.

광복절 연휴 한지를 소재로 한 '옷 잔치'가 전주에서 펼쳐진다. 특히 올해 옷 잔치는 기존 전주한지문화축제에서 독립한 데다 경진대회를 부활해 단독 축제로서의 가능성을 가늠할 전망이다.

– 「광복절에 만나는 아름다운 한지옷」 중에서(『전북일보』, 2014. 8. 12.)

위 기사에서도 한지로 만든 옷이 존재함을 알 수 있거니와 안동 지역의 한지옷은 예로부터 유명했다. 그뿐만 아니라 아이들이 종이옷 접기 놀이를 하거나 종이인형에 종이옷을 오려서 입히는 놀이를 즐기기도 한다. 그러므로 종이옷은 그냥 '종이로 만든 옷' 정도로 간단히 푸는 게 훨씬 낱말의 뜻에 가까이 다가갈 수 있다.

• 네거티브와 포지티브

『표준국어대사전』에는 '네거티브'를 다음과 같이 풀이하고 있으며, '포지티브'는 아예 없다.

네거티브(negative): 사진의 원판.

선거를 할 때면 상대방의 약점이나 비리를 폭로하는 '네거티브 선거 전략'이라는 말을 많이 쓴다. 그리고 광고에서도 값이 비싸니 사지 말라는 식으로 일부러 제품의 부정적인 면을 내세우는 '네거티브 광고'라는 말도 쓴다. 따라서 이러한 쓰임에 맞게 뜻풀이를 추가해야 한다.

한편 '포지티브(positive)'는 표제어에 없으나 다른 낱말의 뜻풀이에는 등장한다.

슬라이드(slide): 환등기에 넣어 영사(映射)할 수 있게 만든 포지티브 필름.

포지티브 필름은 한자어로 '양화(陽畫)'라고 하며, '음화(陰畫)를 인화지에 박은 사진. 명암과 흑백이 실물과 똑같이 나타난다'의 뜻을 지니고 있다. 포지티브는 대개 네거티브와 쌍을 이루어 사용하므로 당연히 표제어로 올려야 한다.

• 마블링

마블링(marbling):『미술』종이 따위에 대리암 무늬를 만드는 기법. 물 위에 유성 물감을 떨어뜨려 저은 다음 종이를 물 위에 덮어 물감이 묻어나게 하면 대리암 무늬가 나타난다.

다음한국어사전에 있는 '살코기 사이에 하얀색 지방이 그물처럼 퍼져서 박혀 있는 것'이라는 풀이는 왜 없는 걸까?

• 무스탕

무스탕(mustang):『동물』미국의 대평원에 사는 야생의 작은 말. 기르던 말이 야생화된 것이다.

다음한국어사전의 풀이는 다음과 같다.

무스탕(mustang): (1) [동물] 미국의 텍사스 주에서 멕시코에 이르는 대평원에 사는 작은 야생말. (2) 제이 차 세계 대전 때에 사용된 미국 공군의 전투기 이름.

두 사전을 찾아봐도 옷의 종류를 뜻하는 무스탕의 풀이가 보이지 않는다. 그렇게 많은 사람들이 좋아하면서 입고 다니는데 어찌 된 일일까? 내가 찾아본 바에 따르면 '무스탕'은 양가죽으로 만든 옷을 뜻한다. 영어로는 '더블페이스(Double Face)'라고 하는데, 어른 양의 가죽을 앞뒤 모두 살려서 만들었기 때문이라고 한다. 그리고 '무스탕'이라는 말이 우리나라에서 널리 퍼진 것은 양가죽 원단을 수입할 때 '무스탕'이라는 상표가 붙은 물건이 많아서 그랬다고 한다. 상표명이 제품명이 된 게 여러 개 있는데, 그와 같은 경우인 셈이다. 조금만 신경을 쓰면 사전 편찬자도 이 정도 정보는 찾아낼 수 있지 않을까?

• 립싱크
립싱크(lip sync): 텔레비전이나 영화에서, 화면에 나오는 배우나 가수의 입술 움직임과 음성을 일치시키는 일.

같은 말을 다음한국어사전에서는 다음과 같이 풀었다.

립싱크(lip sync): (1) [음악] 무대 위의 가수가 미리 준비한 반주곡과 노래에 맞추어 입만 벙긋대는 일. (2) [방송] 텔레비전 드라마나 영화에서, 화면에 나오는 인물의 입술 움직임과 음성을 일치시키는 일.

『표준국어대사전』에서는 왜 다음한국어사전이 밝혀 놓은 첫 번째 항목의 뜻풀이가 없을까? 두 번째 뜻풀이보다 첫 번째 뜻풀이가 실생활에서 훨씬 많이 쓰이는데도 말이다. 알 수 없는 일이다.

• 연포탕과 연폿국

연포탕(軟泡湯): =연폿국

연폿국(軟泡-): 쇠고기, 무, 두부, 다시마 따위를 맑은장국에 넣어 끓인 국.

처음에는 위와 같은 뜻을 지닌 말이었는지 모르겠으나 요즘은 주로 낙지를 넣고 맑게 끓인 탕을 가리킨다. 그러므로 낙지와 관련된 풀이를 보충해야 한다.

• 회

회(膾): 고기나 생선 따위를 날로 잘게 썰어서 먹는 음식. 초고추장이나 된장, 간장, 겨자, 소금 따위에 찍어 먹는다.

'날로' 먹는다는 위 뜻풀이를 그대로 따른다면 아래 낱말들을 이해할 수 없게 된다.

두릅회(--膾): 두릅을 데쳐 초고추장 따위에 찍어 먹는 음식.

강회(-膾): 미나리나 파 따위를 데쳐 엄지손가락 정도의 굵기와 길이로 돌돌 감아 초고추장에 찍어 먹는 음식.

아래 제시한 다음한국어사전의 뜻풀이가 훨씬 정확하면서 내용이 풍부하다(아쉽게도 '생회'라는 낱말은 다음한국어사전의 표제어에도 빠져 있다).

회(膾): 고기나 생선을 날로 썰어서 먹거나 살짝 데쳐서 먹는 음식. 날로 만든 것을 생회(生膾), 데쳐 먹는 것을 숙회(熟膾)라 한다. 생회에는 생선회(生鮮膾), 육회(肉膾), 갑회(甲膾), 천엽회(千葉膾) 등이 있으며 숙회에는 강회, 두릅회, 송이회 등 채소로 만든 것도 있다.

• 곱창과 곱창전골
곱창: 소의 작은창자.
곱창전골: 소의 작은창자를 잘게 썰어 양념을 넣고 채소를 섞어 국물을 부어 끓여서 만든 음식.

곱창은 본래 '소의 작은창자'를 가리키던 말이었으나 요즘은 돼지나 양의 작은창자까지 아울러 가리키는 말로 쓰이고 있다. 말의 뜻이 번진 셈인데, 사전에서는 아직 이러한 현상을 인정하지 않고 있다. 돼지나 양의 작은창자까지 '곱창'이라고 이르는 건 잘못된 용법이므로 쓰지 말라는 취지임은 알겠다. 하지만 대다수의 사람들이 그렇게 쓰고 있다면 막을 길이 없다. 오히려 그런 현상을 인정해 주고, 사전의 뜻풀이를 보충하면 될 일이다. 전국에 돼지곱창집이 얼마나 많은가. 그걸 일일이 고치라고 해야 하는가. 사전이 우선이 아니라 사람들이 쓰는 말이 우선이다. 그러므로 곱창과 곱창전골에 대한 뜻풀이에서 소와 함께 돼지, 양을 아울러 풀어주는 게 좋겠다.

• 볶음밥과 김치볶음밥

볶음밥: 쌀밥에 당근, 쇠고기, 감자 따위를 잘게 썰어 넣고 기름에 볶아 만든 음식.

김치볶음밥: 쌀밥에 김치, 야채 따위를 잘게 썰어 넣고 기름에 볶아 만든 밥.

굳이 '쌀밥에'라고 할 필요가 없다. 보리나 다른 곡식이 섞인 밥이라고 해서 볶음밥을 못해 먹을 이유는 없기 때문이다. 그리고 볶음밥에 꼭 쇠고기를 넣으라는 법도 없다. 돼지고기나 참치를 넣으면 안 되는가?

• 간자미

간자미: 『동물』 가오리의 새끼.

보통의 가오리보다는 크기가 작아서 가오리의 새끼라고 풀이를 한 모양이다. 하지만 바닷가 사람들이나 가오리를 잘 아는 사람들은 잘못된 풀이라고 말한다. 모든 생물이 그렇듯이 가오리도 노랑가오리, 상어가오리, 흰가오리, 목탁가오리, 전기가오리 등 종류가 여럿이다. 그중에서 노랑가오리와 상어가오리가 간자미에 해당하는데, 노랑가오리가 흔치 않기 때문에 대개는 상어가오리를 간자미라고 부른다고 한다.

• 하차

하차(下車): 「1」 타고 있던 차에서 내림. ≒강차. 「2」 차에서 짐을 내림.

이 두 가지 뜻에 더해서 하던 일을 중도에 그만둔다는 뜻으로도 사용한다. 예를 들어 '건강 문제로 진행하던 라디오 프로그램에서 하차하기로 결심했다'와 같은 경우이다.

• 구권

구권(舊券): 『법률』 「1」 이전 소유주의 소유권을 증명하는 문서. 부동산을 매매할 때, 매도 증서에 첨부한다. 「2」 전에 발행한 양도 문서.

'신권(新券)' 항목을 찾으면 '새로이 발행한 지폐'라는 뜻이 나온다. 그렇다면 당연히 그에 대응하는 뜻을 지닌 '구권(舊券)'이 있어야 하는데, 위 낱말 풀이는 그러한 뜻을 담고 있지 않다.

• 킬러

킬러(killer): 『운동』 「1」 배구에서, 공격을 주로 하는 세 사람. 「2」 야구에서, 특정한 팀에 대하여 승률이 높은 투수.

'킬러'라고 하면 보통은 '사람을 죽이는 일을 전문적인 직업으로 하는 사람'을 떠올리는 경우가 많고, 실생활에서도 주로 그런 용법으로 사용한다. 하지만 킬러를 운동 용어로만 풀이했을 뿐 앞서 말한 풀이가 보이지 않는 것은 잘못된 일이다. 그리고 1번 항목에서 배구에만 한정을 했는데 실제로는 세팍타크로 경기에서도 같은 말을 쓴다.

- 메리야스

메리야스(←〈에스파냐어〉medias):『수공』면사나 모사로 신축성이 있고 촘촘하게 짠 천. 속옷, 장갑 따위를 만드는 데에 쓴다.

같은 말을 다음한국어사전에서는 다음과 같이 풀었다.

메리야스(←〈에스파냐어〉medias): (1) 면사나 모사를 씨실과 날실로 코를 엮어서 만든 속옷을 통틀어 이르는 말. 흔히 상의만을 이르기도 한다. (2) [의류] 면사나 모사를 씨실과 날실로 코를 엮어서 만들어진 직물. 또는 그렇게 만든 제품을 통틀어 이르는 말. 신축성(伸縮性)이 있고 보온성, 유연성이 좋아서 양말이나 장갑, 내의 따위를 만드는 데 쓰인다.

어느 게 정확한지 굳이 말할 필요도 없겠다.

- 커미션

커미션(commission): 국가나 공공 단체 또는 그 기관이 특정한 사람을 위하여 공적인 일을 하였을 때, 그 보상으로 받는 요금. '구문02', '수수료', '중개료'로 순화.

같은 말을 다음국어대사전에서는 다음과 같이 풀었다.

커미션(〈영어〉commission): 공적(公的) 또는 사적(私的) 영역에서, 어떤 일을 맡아 처리해 주거나 거래 따위를 주선해 준 데에 대한 대가로 받는 보수.

이 말 역시 다음한국어사전의 풀이가 실제 사용하는 뜻에 훨씬 가깝다. 커미션이 꼭 공적인 영역에서만 이루어지는 것은 아니기 때문이다.

- **솔로**

솔로(〈이탈리아어〉solo): 독창이나 독주. 또는 관현악의 어떤 부분을 단독의 주자(奏者)가 연주하는 일.

음악 용어로 쓰이는 뜻 말고 애인이 없는 사람을 뜻하는 말로도 많이 쓰인다. 물론 '싱글'이라는 말이 있기는 하지만 요즘은 '솔로'라는 말을 더 많이 쓴다.

- **포트폴리오**

포트폴리오(portfolio):『경제』「1」개개의 금융 기관이나 개인이 보유하는 각종 금융 자산의 명세표.「2」다양한 투자 대상에 분산하여 자금을 투입하여 운용하는 일.

두 가지 뜻 말고도 '여러 장의 서류나 그림을 그린 종이 따위를 한데 모아 끼워 넣은 서류철'이라는 뜻이 추가되어야 한다. 그리고 뜻풀이에 있는 '명세표'라는 낱말이 표제어에 없다.

- **저질**

저질(低質): 낮은 품질.

품질은 '물건의 성질과 바탕'이라는 뜻을 지니고 있다. 저질이 꼭 품질, 즉 물건의 상태를 가리킬 때만 쓰는 말은 아니므로, '낮은 품질이나 수준' 정도로 뜻을 풀어주어야 한다. 일상생활에서 '저질스럽다'라는 말을 많이 쓰는데, 『표준국어대사전』에는 표제어로 올리지 않았다. 그런데 예문에는 등장한다.

나는 갈잖은 결벽성으로 허욕과 애증이 얽히고설킨 저질스러운 음모의 추악상에 진저리를 치는 게 고작이었다. 출처 :《박완서, 도시의 흉년》(표제어:추악상)

• 관리자와 지킴이

관리자(管理者):「1」 소유자로부터 위탁을 받아 시설을 관리하는 자. 「2」 『법률』 =관리인.

같은 말을 다음한국어사전에서는 다음과 같이 풀었다.

관리자(管理者): (1) 기업에서 간부직에 있는 사람. (2) 소유자로부터 위탁을 받아 시설 따위를 관리하는 사람. ≒관리인. (3) 사법상(私法上), 남의 재산을 관리하는 사람.

『표준국어대사전』에는 다음한국어사전에서 풀이하고 있는 (1)번 항목의 뜻이 없다. '지킴이'라는 표제어를 보면 『표준국어대사전』은 "'관리자'를 달리 이르는 말'이라고 해놓았으며, 다음한국어사전은 '어떤 곳을 지키고 있는 사람'이라고 풀었다. 이 말 역시 다음한국어사전의 풀이가 더 정확하다.

- **공교육과 사교육**

공교육(公教育):『교육』공적인 재원(財源)에 의하여 이루어지는 교육. 국가 기

관이나 지방 공공 단체가 관리하고 운영하는 국립 학교 교육과 공립 학교 교

육이 있다.

사교육(私教育):『교육』사립 학교와 같이 법인이나 개인의 재원에 의하여 유

지되고 운영되는 교육.

두 낱말의 뜻풀이가 제대로 된 걸까? 우리나라는 다른 나라에 비
해 사립 학교가 많은 편이다. 그리고 대부분의 사립 학교는 공립 학교
와 마찬가지로 국가가 짜놓은 교육과정에 따라 학생들을 가르친다.
설립 주체가 국립이나 공립, 혹은 사립이냐가 공교육과 사교육을 가
르는 기준이 될 수 없는 까닭이다. 사교육이라고 하면 보통 학원이나
과외와 같은 형태의 교육을 떠올리기 마련이다. 이러한 쓰임에 맞게
두 낱말의 뜻을 바꾸어야 한다.

- **패키지**

패키지(package):「1」『통신』=소포 우편물.「2」물건을 보호하거나 수송하기

위한 포장 용기. '묶음', '짐01', '포장01'으로 순화.

아무리 살펴봐도 해외여행을 다닐 때 많이 이용하는 '패키지 여행'
과 관련한 뜻이 없다. 같은 말을 다음한국어사전에서는 다음과 같이

풀었다.

패키지(package): (1) 묶음으로 파는 상품. (2) [전산] 컴퓨터의 여러 응용 분야에서, 사용자의 특정한 업무 수행에 도움을 주기 위하여 만들어진 프로그램. 또는 그러한 프로그램의 묶음. (3) 여행사에서 일정 및 교통편, 숙식, 비용 등을 미리 정한 뒤, 여행자를 모집하여 여행사의 주관하에 행하여지는 단체 여행. (4) 물건을 보호하거나 수송하기 위한 포장 용기. (5) [통신] 소포 우편으로 보내는 물품.

뜻풀이가 세 개나 더 달려 있다. 『표준국어대사전』은 왜 이런 친절을 베풀지 못하는 걸까?

• **목장갑**

목장갑(木掌匣): =면장갑.

면장갑(綿掌匣): 면실로 짠 장갑. ≒목장갑.

'목장갑'과 '면장갑'이 정말 같은 물건을 가리키는 말일까? 목장갑은 면실보다 거친 실로 짠 장갑을 말하며, 면장갑은 주로 행사장에서, 목장갑은 거친 일을 할 때 주로 끼는 장갑이다.

• **양변기와 좌변기**

양변기(洋便器): 걸터앉아서 대소변을 보게 된 수세식 서양 변기. ≒좌변기·좌식변기.

좌변기(坐便器): =양변기.

양변기와 좌변기는 정말 같은 것일까? 다른 국어사전들도 비슷하게 풀이하고 있고, 실생활에서 흔히 혼용해서 쓰기도 하지만 따로 구분해 줄 필요가 있다. '양변기(洋便器)'는 한자 그대로 풀이하면 서양식 변기라는 말이다. 재래식 화장실과 달리 물을 이용해서 볼일 본 내용물을 흘려보내는 방식의 변기, 즉 수세식 변기를 말한다. '좌변기'라는 말은 1980년대 중반 무렵부터 사용하기 시작했고, 양변기라는 말은 그보다 훨씬 이전부터 사용했다. 그리고 예전의 양변기는 그냥 쭈그려 앉아서 볼일을 본 다음 물을 내려서 내용물이 쓸려 나가도록 만들었다. 그러다가 걸터앉아서 볼일을 보도록 만든 변기가 등장하면서 자연스레 '좌변기(坐便器)'라는 말이 널리 쓰이게 되었다. 그로 인해 양변기가 쭈그려 앉아서 볼일을 보는 수세식 변기와 걸터앉아서 볼일을 보는 변기를 아울러 뜻하는 말이 되었다고 보는 게 타당하다. 그러므로 양변기의 뜻풀이를 이에 맞도록 새롭게 바꾸어주어야 한다.

• 병신굿

'물장구' 항목의 두 번째 뜻풀이는 다음과 같이 되어 있다.

물장구:「2」『민속』 병신굿에 쓰는 악기의 하나. 물을 담은 동이에 바가지를 엎어 놓고 그 바가지를 두드려서 소리를 낸다.

뜻풀이에 나오는 '병신굿'을 찾으면 이번에는 다음과 같이 나온다.

병신굿(病身-): =병신구실.

병신구실(病身--): 병신이나 다름없는 못난 짓. ≒병신굿·병신노릇.

'물장구'에 나오는 '병신굿'은 분류 항목이 『민속』으로 되어 있으며, 굿의 한 종류임이 분명하다. 그런데 왜 '병신굿'의 뜻풀이에는 그런 설명이 없을까?

• 현상액

현상액(現像液): 사진 현상에 쓰는 액체. 현상액과 아황산소다, 탄산소다 따위를 혼합한 수용액으로, 필름에 작용하여 상이 나타나게 한다.

풀이를 자세히 뜯어보면 현상액이란 '현상액+아황산소다, 탄산소다'라고 해 놓았다. 현상액에 다른 물질을 섞은 것이 현상액이라니 참 이해할 수 없는 뜻풀이가 아닐 수 없다. 다음한국어사전은 '필름이나 인화지 따위에 찍힌 영상이 드러나도록 하는 데 쓰는 액체'라고 풀이했다.

• 스테레오 타입

스테레오 타입(stereo type): 『출판』 =연판02.

연판02(鉛版): 활자를 짠 원판(原版)에 대고 지형(紙型)을 뜬 다음에 납, 주석, 알루미늄의 합금을 녹여 부어서 뜬 인쇄판).

인쇄 용어로만 뜻을 풀어놓았다. 하지만 이 말은 예술 계통에서 무척 많이 쓰는 말이다. 다음한국어사전에는 '창의성이 없이 판에 박은 듯한 생각'이라는 풀이가 더 실려 있다.

- **세척기**

세척기(洗滌器):『의학』상처, 코, 위, 장, 방광, 요도 따위를 씻는 데 쓰는 의료 기구.

세척기가 꼭 의료 기구에만 한정되는 걸까? 표제어로 '공기세척기' 와 '식기세척기'가 올라 있는 것만 보아도 그게 아님을 알 수 있다. 다음한국어사전에는 '물체에 묻은 더러운 것을 깨끗이 씻어 내는 데 쓰이는 기구'라는 뜻이 더 달려 있다.

- **밑줄**

밑줄:『언어』문장 부호의 하나. '＿'의 이름이다. 문장 내용 중에서 주의가 미쳐야 할 곳이나 중요한 부분을 특별히 드러내 보일 때 쓴다. ≒하선02(下線).

'밑줄'을 과연 언어와 관련된 전문어이자 문장부호의 하나로만 볼 수 있는 걸까? 다음한국어사전에는 분류항목 표시 없이 그냥 '가로로 쓴 글에서, 중요한 말이나 다른 말과 구별되어야 할 말의 표시로 그 밑에 긋는 줄'이라고 해놓았다.

- **신뢰도**

신뢰도(信賴度):『수학』통계에서 어떠한 값이 알맞은 모평균이라고 믿을 수 있는 정도.

이 낱말 역시 수학에 관련된 전문어로만 풀이해 놓았다. 다음한국
어사전에는 '믿고 의지할 수 있는 정도'라는 풀이가 더 달려 있다. 『표
준국어대사전』은 대체 어떤 생각으로 전문어에만 그토록 목을 매고
있는 것일까?

● 철심

철심01(鐵心): 단단하여 쉽사리 변하지 아니하는 굳은 마음.

철심02(鐵心): 『전기』 =자심03(磁心)(「1」자기적인 성질을 이용하거나 전류를 이송시키
는 도체와 관련하여 위치하는 자성 물질을 통틀어 이르는 말).

위에서 보는 것처럼 『표준국어대사전』은 두 낱말을 동음이의어로
처리하고 있다. 하지만 다음한국어사전은 하나의 낱말로 처리하면서
다음과 같이 풀이해 놓았다.

철심(鐵心): ⑴ [전기] 변압기, 전동기, 발전기 따위의 전기 기계에서, 코일에
감겨 있어 자기 회로(磁氣回路)로 쓰는 강철재. ⑵ 쇠로 만들어 물건의 속에 박
은 심. ⑶ 쇠처럼 변함없이 굳은 마음.

철심을 하나의 낱말로 볼 것이냐 아니면 동음이의어로 볼 것이냐
는 이 글에서 논외로 하기로 한다. 다만 『표준국어대사전』에는 왜 다
음한국어사전에서 풀어놓은 두 번째 뜻풀이가 없는지 모르겠다. 골절

수술을 하면서 뼈를 고정시키기 위해 철심을 박는 경우가 많은데, 이러한 사례를 『표준국어대사전』 편찬자들은 정말 모르는 걸까?

- 매트리스

매트리스(mattress): 침대용의 두툼한 요. 보통 직사각형의 납작한 모양으로, 그 속에 스프링이나 스펀지 따위를 넣어 푹신하게 만든다.

매트리스(mattress): 스프링이나 스펀지 등을 넣어 푹신하게 만든 직사각형의 납작한 물건. 보통 침대요로 사용하거나 높은 곳에서 떨어질 때 충격을 완화하기 위해 사용한다.

앞의 것은 『표준국어대사전』, 뒤의 것은 다음한국어사전의 뜻풀이다. 『표준국어대사전』은 매트리스를 침대용으로 한정지었다. 체육시간에 사용하는 매트리스, 위험 방지용 매트리스는 왜 생각하지 못했을까?

배추는 우리나라 사람들이 가장 가까이 하는 채소다. 김치 없이는
못 사는 민족이기에 김치의 재료가 되는 배추는 우리에게 무척 고마
운 존재다. 그런 '배추'를 『표준국어대사전』은 다음과 같이 소개하고
있다.

배추: 십자화과의 두해살이풀. 길이가 30~50cm이며, 잎이 여러 겹으로 포
개져 자라는데 가장자리가 물결 모양으로 속은 누런 흰색이고 겉은 녹색이
다. 봄에 십자 모양의 노란 꽃이 총상(總狀) 화서로 핀다. 잎·줄기·뿌리를 모
두 식용하며, 비타민이 풍부하게 함유되어 있다. 한국, 중국, 일본 등지에
분포한다. ≒백채「1」·숭채. (Brassica campestris subsp. napus var. pekinensis)
[어원: 빗치〈훈몽자회〉〈중〉白菜]

표제어를 제시하지 않고 위의 뜻풀이만 내 페이스북 계정에 소개
하고 무엇을 가리키는 내용인지 아느냐고 물었더니 알아맞히는 사람
이 거의 없었다. 그렇다면 뜻풀이에 심각한 문제가 있다는 이야기다.
'총상(總狀) 화서'라는 말도 뜬금없거니와(이 부분은 뒤에서 자세히 다루려고
한다.), 배추에 대해 이렇게밖에 설명할 수 없는 건지 답답함이 밀려왔
다. 식용한다는 말만 있지 김치의 재료가 된다는 말은 어디에도 보이
지 않는다. 그래서 다음한국어사전을 검색해 보았더니, 다음과 같이
나와 있다.

배추: 겨잣과에 속한 한해살이 또는 두해살이풀. 길이 30~50센티미터 정도의 잎이 여러 겹으로 포개져 자라는데 가장자리가 물결 모양이며 속은 황백색, 겉은 녹색이다. 봄에 노란색의 네잎꽃이 핀다. 잎, 줄기, 뿌리를 모두 식용하며, 김칫거리로 널리 가꾼다. 비타민이 풍부하게 함유되어 있다. 개량 품종이 많으며 우리나라, 중국, 일본 등지에 분포한다. 세는 단위는 통, 단, 접 등이다. 학명은 Brassica campestris subsp. napus var. pekinensis이다.

[유의어] 백채(白菜)(1), 숭채(菘菜)

[어법] 이 말은 《훈몽자회》(1527, 上:7)에 '비치'의 형태로 처음 나타난다. 본래 '비치'는 한자어 '白菜'에 대한 중국어 발음을 차용한 것이라는 설명이 가장 일반적이다. 이 말의 현대 중국어 발음이 'baicai'인 것을 보면 이러한 설명의 타당성을 확인할 수 있다. 중세 국어의 중국어 차용어 '비치'는 그후 '비츠, 비쵸, 비초' 등으로 쓰이다가 20세기에 들어와서 '배추'로 고정되었다.

김치와 관련지어 설명한 대목이라든지 어원을 좀 더 자세히 밝혀 둔 것은 『표준국어대사전』에 비해 한결 나아 보인다. 하지만 『표준국어대사전』에는 '십자화과의 두해살이풀'이라고 해놓았는데, 다음한국어사전에는 '겨잣과에 속한 한해살이 또는 두해살이풀'이라고 해놓은 건 어떻게 받아들여야 할지 모르겠다. 전문 지식이 없어서 어느 사전이 정확한지 모르겠으나 이렇듯 기초 사항마저 사전끼리 다르다는 건 보통 심각한 문제가 아니다(다음한국어사전의 풀이 중 白菜는 白菜의 오류로 보이는데, 이러한 실수도 그냥 보아 넘기기 어렵다).

'남녘과 북녘의 초·중등 학생들이 함께 보는' 국어사전으로 기획한 『보리 국어사전』(보리출판사)에는 배추를 다음과 같이 풀이하고 있다.

배추: 밭에 심어 가꾸는 잎줄기채소. 둥글고 긴 잎이 뿌리부터 여러 겹 포개어 자라는데, 속잎은 누런 흰색이고 겉잎은 푸르다. 잎으로 김치를 담근다.

매우 간명하면서도 금방 배추란 걸 알 수 있게 서술해 놓았다. 일반 사람들은 배추를 풀의 한 종류로 인식하기보다는 채소의 한 종류로 인식한다. 그러므로 풀이 아니라 채소를 앞세운 『보리 국어사전』의 풀이가 훨씬 마음에 와 닿는다. 『표준국어대사전』은 쓸데없이 식물학 지식만 어렵게 늘어놓았지, 정작 국어사전의 기능에 대해서는 큰 고민을 해보지 않은 게 분명하다.

다음으로 두 사전에서 유의어로 함께 제시한 '백채(白菜)'와 '숭채(菘菜)'에 대해 알아보자. '백채'에 대한 풀이는 다음과 같다.

백채(白菜):「1」『식물』=배추.「2」배추를 잘게 썬 다음 갖은 양념과 고기를 넣고 주물러 볶은 나물.

두 번째 풀이에 나오는 내용은 이해하기 어렵다. 배추를 이용한 '백채'라는 나물은 음식사전에도 잘 나오지 않는다.

숭채(菘菜) : =배추.

배추를 왜 '숭채'라고 부르게 되었는지에 대한 설명이 없다 보니 뜻풀이를 볼 때 마음이 답답하다. 여러 기록에 따르면 중국에서 당나라가 망하고 제(齊)나라가 들어서면서 '숭'이라는 채소가 등장하는데,

이것이 배추의 기원이라고 한다. 추운 겨울에도 잎이 시들지 않고 푸르기 때문에 '소나무 풀'이란 뜻의 '숭'이란 이름을 얻었다고 한다. 이러한 유래를 덧붙인다면 훨씬 친절한 국어사전이 될 수 있을 것이다.

끝으로 '포두련배추'라는 낱말에 대해 알아보자. 사전에는 다음과 같이 소개되어 있다.

> **포두련배추**(包頭連--):『식물』결구배추의 하나. 청방과 백방 두 계통이 있는데, 백방은 품질은 좋으나 병에 약하여 가꾸기 어렵고, 청방은 품질은 좋지 않으나 병충해에 강하다. ≒포도련배추.

이 포두련배추에 대한 글 두 편을 소개하기로 한다.

> 국어사전에 품질 좋고 수량 많은 '포두련(包頭連)'-'포도련 배추'가 중국 원산이라고 나와 있지만 이런 말은 중국어에 없는 것으로 알고 있으며, 양배추를 가리키는 '포두채(包頭菜:바오터우차이)'의 와전이 아닌지 추측된다.
> -『경인일보』, 2010. 10. 5. (오동환 객원논설위원의 글 중에서)

> 그 밖의 품종은 1906년 뚝섬에 원예 모범장이 설립되면서부터 일본인들에 의해서 도입, 육성되었다. 즉, 이 무렵 '청국(淸國)', '청채(靑菜)', '고채(高菜)' 등의 품종이 도입되었고 1928년에는 '지부(芝罘)', '직예(直隸)', '포두련백방(包頭連白邦)', '포두련청방(包頭連靑邦)', '화심(花心)' 등의 품종이 도입되었으며, 1930년대에 '송도(松島)'와 '경도삼호(京都三号)'가 도입되었고 1950년 우장춘

박사의 귀국으로 무·배추 종자의 육종이 본격적으로 시작되었다.

– 『김치백과사전』중에서(편집부, 유한문화사, 2004, 489쪽)

위 두 글에 따르면 포두련배추는 배추 품종의 하나이며, 다른 품종들도 여럿이 있다는 걸 알 수 있다. 그중에 왜 '포두련배추'만 사전에 실었는지 이해할 수가 없다. 모두 빼든지 아니면 모두 싣든지 해야 하는 것 아니겠는가. 특별한 기준도 없이 사전을 편찬하고 있는 것 같아 마음이 불편하다. 더구나 '포두련배추'의 뜻풀이에 나오는 '청방'과 '백방' 중에 '청방'만 표제어에 있고 '백방'은 없다는 사실도 불편하다.

『표준국어대사전』을 보면서 가장 화가 나는 부분이 식물 이름에 대한 풀이들이다. 일단 가장 흔한 꽃 중의 하나인 '진달래' 항목을 보자.

진달래: 진달랫과의 낙엽 활엽 관목. 높이는 2~3미터이며 잎은 어긋나고 긴 타원형 또는 거꾸로 된 피침 모양이다. 4월에 분홍색 꽃이 잎보다 먼저 가지 끝에 피고 열매는 삭과(蒴果)로 10월에 익는다. 정원수·관상용으로 재배하기도 한다. 산간 양지에서 자라는데 한국, 일본, 중국, 몽골 등지에 분포한다. ≒두견(杜鵑)·두견화(杜鵑花)·산척촉(山躑躅)·진달래꽃01·진달래나무. (Rhododendron mucronulatum)

뒤에 살펴볼 식물 이름의 뜻풀이에 비하면 이 정도만 해도 양반인 셈이다. 그럼에도 '피침'이라는 말과 '삭과'라는 말이 걸린다. 두 낱말을 다시 사전에서 찾아보자.

피침(鈹鍼/披針): 『한의학』 =바소.
삭과(蒴果): 익으면 과피(果皮)가 말라 쪼개지면서 씨를 퍼뜨리는, 여러 개의 씨방으로 된 열매. 심피(心皮)의 등이나 심피 사이가 터져서 씨가 나오는데, 세로로 벌어지는 것에 나팔꽃, 가로로 벌어지는 것에 쇠비름, 구멍을 벌리는 것에 양귀비꽃 따위가 있다. ≒삭06(蒴).

여기까지 따라온 독자들은 슬슬 화가 나기 시작할 법하다. 다시 바소와 과피, 심피 따위를 찾아보아야 하기 때문이다.

바소: 『한의학』 곪은 데를 째는 침. 길이 네 치, 너비 두 푼 반가량이고 양쪽 끝에 날이 있다. ≒파침(破鍼)·피침01(鈹鍼).

심피(心皮): 암술을 구성하는 잎. 씨방·암술대·암술머리로 특수하게 분화하며, 양치식물에서는 대포자엽이 이에 해당한다.

'과피'야 열매껍질을 가리키는 말이라고 쉽게 알아챌 수 있지만, '심피'를 제대로 이해하려면 또다시 양치식물과 대포자엽을 찾아가야 하는데, 과연 그렇게 할 정도로 인내심을 가진 사람이 얼마나 될까? 화가 나서 사전을 집어던지지 않으면 다행이다. 그래도 최대한 참을성을 발휘하여 '대포자엽'을 찾아보자.

대포자엽(大胞子葉): 대포자낭이 있는 잎.

음, 이번에는 '대포자낭'을 찾아야겠군.

대포자낭(大胞子囊): 대포자를 만드는 주머니 모양의 생식 기관.

어이쿠! 그럼 '대포자'는 뭐지?

대포자(大胞子): 홀씨의 하나. 홀씨에 대소(大小) 두 가지가 있을 때 큰 쪽을 이른다. 발아하여 자성 전엽체를 만들며 양치류의 부처손, 생이가래, 물부추 따위에서 볼 수 있다.

이제 '자성'과 '전엽체'를 찾아갈 차례인데, 아마 이런 식으로 계속 찾아가다 보면 복장이 터져 죽을지도 모른다. 실제로 두 낱말을 찾아갔더니 거기서 또 계속 낱말을 찾아가야 하는 번거로움이 발생했다.

앞서 '진달래'는 그나마 양반이라고 했다. 그렇다면 다른 식물 이름은 어떤 정도이기에 그럴까? '찔레나무' 항목을 살펴보자.

찔레나무: 장미과의 낙엽 활엽 관목. 높이는 2미터 정도이고 가시가 있으며, 잎은 우상 복엽이고 잔잎은 긴 타원형으로 톱니가 있다. 5월에 흰 꽃이 원추(圓錐) 화서로 피고 열매는 장과(漿果)로 10월에 빨갛게 익는다. 열매는 약용하고, 관상용·산울타리용으로 재배한다. 산기슭의 양지와 개울가에서 자라는데 한국, 일본 등지에 분포한다. 늑들장미·야장미(野薔薇)·찔레. (Rosa multiflora)

'약용하고'를 '약으로 쓰고'라고 하면 좋았겠지만 그런 지적은 한가한 일에 지나지 않고, 우상, 복엽, 원추 화서, 장과에서 숨이 콱 막힌다. 일단 뜻풀이를 보자.

우상(羽狀): =깃꼴.
복엽(複葉):「1」한 잎자루에 여러 개의 낱 잎이 붙어 겹을 이룬 잎. 탱자나무, 아카시아 따위의 잎이다. '겹잎'으로 순화. 늑겹잎.

원추화서(圓錐花序): 무한(無限) 화서 가운데 총상(總狀) 화서의 하나. 화서의 축(軸)이 수회 분지(分枝)하여 최종의 분지가 총상 화서가 되고 전체가 원뿔 모양을 이루는 것을 이른다. 남천, 벼 따위가 있다.

장과(漿果): 다육과(多肉果)의 하나로 과육과 액즙이 많고 속에 씨가 들어 있는 과실. 감, 귤, 포도 따위가 있다. ≒물열매01.

'우상'과 '복엽'은 그런대로 넘어가고, 우선 '장과'에 나온 '다육과'의 뜻을 보자.

다육과(多肉果): 살과 즙이 많아서 익은 뒤에도 마르지 않는 열매. 사과, 복숭아 따위가 있다. ≒습과·육과03.

'장과'가 해결됐으면 '원추화서' 차례인데, 차마 읽고 싶지 않은 마음이 앞선다. 이게 과연 우리말을 다룬 국어사전이 맞나 싶은 심정을 느끼는 게 과연 나 혼자뿐일까?

화서는 무한화서와 유한화서로 나누고 그 아래 각각 여러 개의 화서가 있다. 그리고 대부분의 식물 뜻풀이에 그에 해당하는 화서를 밝히고 있다. 그리고 열매의 특성에 따라 삭과, 장과, 수과 등으로 분류한다. 그런데 원추화서, 총상화서, 삭과, 장과가 그 식물을 이해하는 데 얼마나 도움이 될까? 오히려 식물에 대한 친근감을 죽이는 역효과만 불러오지 않을까 염려된다.

'화서' 항목을 찾으면 '꽃차례'라는 고운 우리말이 유의어로 나온다. 그리고 '원추화서'를 대신할 수 있는 '원뿔꽃차례'도 표제어에 있다. 북한에서는 '고깔꽃차례'라는 말을 쓴다.

　도대체 왜 이런 일이 벌어졌을까? 식물을 다룬 사전이나 다른 전문 사전에 나오는 풀이를 아무 생각 없이 대충 요약해서 실었기 때문이다. '해당화'를 가지고 비교해 보자. 우선 『표준국어대사전』에 나오는 풀이이다.

> **해당화**: 장미과의 낙엽 활엽 관목. 높이는 1~1.5미터이며, 잎은 어긋나고 우상 복엽인데 잔잎은 긴 타원형이고 잎 뒤에 선점과 잔털이 있다. 5~8월에 붉은 자주색 꽃이 가지 끝에 피고 열매는 가장과로 8월에 붉게 익는다. 꽃은 향수 원료로 쓰고 열매는 약용하거나 식용한다. 관상용이고 바닷가의 모래땅이나 산기슭에 나는데 한국, 일본, 사할린, 만주, 캄차카 반도 등지에 분포한다. ≒때찔레·월계01(月季)·해당02. (Rosa rugosa)

다음은 『한국민족문화대백과사전』에 나오는 풀이이다.

해당화

정의: 장미과에 속하는 낙엽관목.

내용: 학명은 Rosa rugosa이다. 높이는 1.5m에 달하고, 줄기에 가시·자모(刺毛) 및 융모(絨毛)가 있으며 가시에도 융모가 있다.

잎은 어긋나며 기수우상복엽(奇數羽狀複葉)으로 5~7개의 소엽이 있다. 소엽은 두껍고 타원형 또는 타원상 도란형이며, 길이 2~5cm로서 표면은 주름살이 많고 윤채가 있으며 털이 없고, 이면은 맥이 튀어나오고 잔털이 밀생하며 선점(腺點)이 있고 톱니가 있다.

지름 6~9cm의 꽃이 5~7월에 홍자색으로 피며, 향기가 강하고 꽃자루에는 자모가 있다. 과실은 가장과(假漿果)로 구형이며 8월에 황적색으로 익는다. 해변의 모래밭이나 산기슭에서 자라며 우리나라의 전 해안 사지에서 볼 수 있었으나 현재는 원형 그대로 남아 있는 곳이 드물다.(이하 내용 생략).

'우상복엽', '선점', '가장과' 같은 말들이 공통점을 이루고 있음을 알 수 있다. 『한국민족문화대백과사전』을 만든 곳이 한국학중앙연구원이라는 곳인데도 그렇다. 왜 그런가 하고 봤더니 참고문헌이 『약용식물학』(임기흥, 동명사, 1961), 『대한식물도감』(이창복, 향문사, 1982)으로 되어 있다. 식물학자들이 정리해 놓은 내용을 쉽게 풀 생각은 안 하고 너도나도 그냥 가져다 썼고, 아무도 그런 문제를 제기하지 않다 보니 이런 지경에 이른 셈이다.

식물학자들이 어려운 한자어를 쓴 건 초창기 학자들이 대부분 일제 강점기 때 근대학문 체계를 접했으며, 근대학문 체계와 그에 따른 용어는 대개 일본 사람들이 먼저 만들어 놓은 것들이기 때문이다. 처음에는 앞선 일본의 문물과 학문체계를 받아들일 수밖에 없었다고 해도 이제는 그런 관행에서 벗어나야 할 때다.

'해당화' 항목에서 한 가지만 더 짚는다면, 뜻풀이에 나온 '선점'과 '가장과'라는 말이 한자 표시도 없을뿐더러 표제어에 올라 있지도 않다는 사실이다. 『한국민족문화대백과사전』에 한자 표기가 되어 있긴 하나, 국어사전에 낱말과 뜻풀이가 없으니 두 낱말이 무얼 가리키는지 도무지 알 길이 없다. 한편 '동백나무겨우살이' 항목의 뜻풀이에는 '열매는 가장과(假漿果)로 가을에 익는다'라고 하여 한자를 병기해 놓왔다. 한마디로 뒤죽박죽인 셈이다. 사전 속에 들어와 있는 식물들이 이런 사실을 알면 어떤 표정을 지을지 궁금하다.

동물과 어류 이름 뜻풀이

동물과 어류는 식물 이름에 비해서는 정리가 잘 되어 있는 편이다. 그래도 아쉬운 것 위주로 몇 가지 사례만 짚어보기로 한다.

진드기: 진드깃과의 절지동물을 통틀어 이르는 말.

위 설명을 과연 제대로 된 뜻풀이라고 생각할 사람이 얼마나 될까? 진드기가 어떻게 생겼으며, 어떤 특성을 지니고 있는지 알 수 있는 정보가 아무것도 없다. '진드깃과'를 찾으면 정보를 얻을 수 있을까 하여 '진드깃과'를 찾았으나 그런 말은 표제어에 없다. 그럼 대체 어쩌란 말인가?

오히려 물진드기는 아래와 같이 친절하게 뜻풀이를 해놓았다.

물진드기: 물진드깃과의 곤충. 몸의 길이는 3.5mm 정도이며, 어두운 황색 또는 누런 갈색으로 광택이 나고 딱지날개에는 점선으로 세로줄이 나 있다. 뒷발의 마디가 커서 헤엄치기에 알맞고 작은 곤충을 잡아먹는다. 한국, 일본, 중국 등지에 분포한다. 늑물진디. (Peltodytes intermedius)

그리고 '물진드깃과'도 표제어로 올라 있다. 진드기는 홀대하고 물진드기는 우대하는 처사는 무슨 까닭인지 모르겠다.

원숭이: 구세계원숭잇과와 신세계원숭잇과의 짐승을 통틀어 이르는 말. 늘보원숭이, 개코원숭이, 대만원숭이 따위가 있다. ≒노유03(猱狖)·목후(沐猴)·미원03(獼猿)·미후02(獼猴)·원후01(猿猴)·호손01(猢猻).

뜻풀이를 이렇게 해도 되는 걸까? '개코원숭이'와 '대만원숭이' 항목에 들어가면 자세한 생김새와 생태를 설명해 놓긴 했다. 하지만 원숭이라는 동물이 지닌 공통의 특징이 있을 텐데, 그러한 부분에 대한 설명이 없다는 것은 이해하기 어렵다. 참고로 늘보원숭이는 표제어에 없다.

다음한국어사전에서는 원숭이를 다음과 같이 풀어놓았다.

원숭이(猿猩이): (1) 포유류 영장목 중에서 사람을 제외한 동물을 통틀어 이르는 말. 유의어 노유(猱狖), 목후(沐猴), 원후(猿猴) (2) 남의 흉내를 잘 내는 사람을 비유적으로 이르는 말. (3) [민속] 탈춤에서, 원숭이 탈을 쓰고 나오는 인물.

『표준국어대사전』보다는 조금 낫고, (2)와 (3)의 뜻풀이를 더해놓은 것이 눈에 띈다. 하지만 여전히 뜻풀이는 미진하다. 『금성판 국어사전』에는 어떻게 되어 있을까?

원숭이: ① 원숭잇과에 딸린 짐승의 총칭. 몸의 구조가 사람과 비슷하며, 얼굴은 붉은빛을 띠고 온몸에 털이 배게 남. 꼬리는 짧으며 네 발이 모두 물건을 쥘 수 있게 되어 있고 나무에서 자유로이 활동함. 영리하고 쾌활하여 흉내를 잘 냄. ② 남의 흉내를 잘 내는 사람의 비유.

독자 여러분들은 어떤 사전에 후한 점수를 주고 싶으실까?

눈나비: 흰나빗과의 곤충. 편 날개의 길이는 3~8cm로 상제나비와 비슷하나 조금 작다. 몸은 검은색, 날개는 흰색, 날개 뒷면은 다소 누런색이다. 시맥(翅脈)에 어두운 검은색의 인분(鱗粉)이 있다. 한국, 일본 등지에 분포한다. ≒분나비. (Aporia hippia)

뜻풀이에 '시맥(翅脈)'이나 '인분(鱗粉)' 같은 어려운 말을 써야 했을까? 다시 사전을 찾으니 '시맥'과 '인분'은 다음과 같은 뜻을 지니고 있다.

시맥(翅脈): 곤충의 날개에 무늬처럼 갈라져 있는 맥. 번데기 시기에 체액이 흐르고 기관과 신경이 분포하여 대사를 맡아본다. 곤충 분류의 중요한 기준이 된다. ≒날개맥.
인분(鱗粉): 나비, 나방 따위의 날개에 있는 비늘 모양의 분비물.

위 설명대로라면 '날개맥'이라는 말이 있는데 왜 굳이 '시맥'이라는 말을 써야 했는지 모르겠다. 뜻풀이에 어려운 한자어가 나오는 경우는 흔하다. 아래 '청상아리'라는 항목을 보자.

청상아리(靑---): 악상엇과의 바닷물고기. 몸의 길이는 7미터 정도의 방추 모양이며, 등은 검푸르고 배는 희며 주둥이가 길고 뾰족하다. 한국 중남부, 일본 중부 이남, 중국, 인도 등 온대와 열대에 널리 분포한다. (Isurus oxyrinchus)

'방추'라는 낯선 한자어가 나온다. 한자가 적혀 있지는 않지만 '날이 네모난 송곳'을 뜻하는 '방추(方錐)'일 것이다. 굳이 어려운 한자어를 넣어서 풀이할 이유가 있을까?

한 가지 더 짚을 것은 청상아리와 함께 백상아리가 사전에 나오는데, '상아리'라는 말은 사전에 없다는 사실이다. 청상아리와 백상아리 모두 악상엇과에 속한다고 하니, 둘 다 상어의 종류임은 분명하다. 그런데 '상아리'라는 말이 안 나오니 상어와 상아리의 차이점을 알고 싶어도 알아낼 길이 없다. 아마도 상아리는 상어를 가리키는 다른 이름일 것으로 짐작되는데, 조사를 통해 정확한 뜻과 용례를 파악해서 사전에 올려야 한다고 생각한다.

송사리: 「1」 송사릿과의 민물고기. 몸의 길이는 5cm 정도이며, 잿빛을 띤 엷은 갈색이다. 옆구리에 작고 검은 점이 많다. 눈이 크고 입은 작은데 조금 위로 향해 있다. 옆줄이 없고 등지느러미는 하나이다. 유전학 실험에 흔히 쓴다. 흐름이 급하지 않은 연못이나 논두렁, 온천과 염전에 사는데 한국, 일본, 중국, 대만 등지에 분포한다. ≒소양어. (Orizias latipes) 「2」 권력이 없는 약자나 하찮은 사람을 비유적으로 이르는 말.

위 뜻풀이에서 송사리가 사는 곳을 '연못이나 논두렁, 온천과 염전'이라고 했는데, 이 부분이 마음에 걸린다. 우선 '논두렁'이라는 말부터 보자. 논두렁은 사전에 '물이 괴어 있도록 논의 가장자리를 흙으로 둘러막은 두둑'이라고 풀어놓았다. 논두렁은 흙을 두둑하게 쌓아 놓은 것을 뜻하는 말이므로 그곳에서 송사리가 산다고 하는 말은 성립

할 수가 없다. 한 가지 더 짚을 것은 온천과 염전이다. 위 설명대로라면 송사리의 주된 서식지가 마치 온천과 염전인 것처럼 오해할 소지가 많다. 물고기에 대해 설명을 해 놓은 자료들을 보면 송사리가 온도와 염분 등에 적응력이 뛰어난 것은 사실이다. 그렇다면 다음 한국어사전의 뜻풀이처럼 '물의 온도, 염분 농도, 오염도의 변화에 대한 내성이 강하다'라는 정도로만 풀어놓아도 충분한 일이다.

개미: 개밋과의 곤충을 통틀어 이르는 말. 몸은 머리, 가슴, 배로 뚜렷이 구분되는데 허리가 가늘다. 대부분 독침이 없고 배 끝에서 폼산을 방출한다. 여왕개미와 수개미는 날개가 있으나 일개미는 없다. 땅속이나 썩은 나무 속에 집을 짓고 사회생활을 한다. 전 세계에 5,000~1만 종이 분포한다.

역시 '폼산'이라는 어려운 말이 등장한다. 폼산을 사전에서 찾으니 다음과 같이 되어 있다.

폼산(←formic酸): 탄소 수가 하나인 카복실산. 개미나 벌 따위의 체내에 들어 있다. 자극성 냄새가 나는 무색의 산성 액체로, 메탄올이나 포르말린의 산화로 얻는다. 각종 유기 약품의 합성 원료나 가죽의 무두질에 쓰인다. 화학식은 HCOOH. ≒개미산·의산02(蟻酸)·포름산.

'폼산을 방출한다'라고 하지 말고, '자극성 냄새가 나는 무색의 산성 액체인 폼산을 내보낸다'라고 하면 훨씬 친절한 사전이 되었을 것이다.

한 가지만 더 짚기로 하자. 동물 이름 항목을 풀 때 항상 맨 앞에 그 동물이 속한 분류 단위를 밝혀놓는다. 가령 다음과 같은 식이다.

꼭갈치: 부칫과의 바닷물고기. 몸의 길이는 7cm 정도이고 머리는 삼각형이다. 등 쪽은 누런 갈색이다. 온대, 열대의 깊은 바다에 살며 한국, 일본, 필리핀 등지에 분포한다. (Malthopsis lutea)

어류사전도 아니고 국어사전인데, 부칫과라는 걸 굳이 밝혀야 하는 걸까? 그래도 밝혀야 한다면 크게 문제 삼을 일은 아니지만, 다른 측면에서 이해하기 힘든 일들이 있다. 위 뜻풀이에 나온 부칫과를 사전에서 찾으면 다음과 같이 되어 있다.

부칫과(--科): 조기강 아귀목의 한 과. 빨강부치, 꼭갈치가 있다. (Ogcocephalidae)

부칫과라고 하면 '부치'와 '과'가 합쳐진 말이고, 그렇다면 부치라고 하는 어종이 있을 것이다. 그리고 뜻풀이에 '빨강부치'라는 이름도 나온다. 하지만 어찌 된 일인지 '부치'라는 낱말은 표제어에 존재하지 않는다. 이런 경우가 꽤 많다.

그리고 뜻풀이에 나온 과가 표제어에 없는 경우도 있다.

바다소: 바다솟과의 동물을 통틀어 이르는 말. 몸의 길이는 3미터 정도이며 회색이고 주둥이에 털이 나 있다. 앞다리는 가슴지느러미발이 되어 앞쪽으로 나와 있고 뒷다리는 퇴화하였으며 꼬리지느러미가 있다. 겁이 많고 동

작이 둔하다. 초식성 수생 동물로 카리브해바다소, 아프리카바다소, 아마
존바다소가 있다. ≒해우01(海牛). (Trichechus manatus)

위 뜻풀이에 나오는 '바다솟과'라는 낱말이 표제어에 없다. 이보다
더 기막힌 경우도 있다.

닭털니: 새털닛과의 곤충. 몸의 길이는 2.7~2.9mm이며, 온몸이 누런색이고
긴 털이 있다. 눈언저리가 조금 우므러들어 있다. 새에 이것이 성하면 깃털
이 상하여 떨어지며 심하면 언저리의 털이 다 빠져 벌거숭이가 된다. ≒닭
니. (Menopon gallinae)

사전을 아무리 찾아봐야 '새털니'도 '새털닛과'도 나오지 않는다.
다만 '새털니목(---目)'이 '곤충강의 한 목. 짐승털닛과가 있다'라는 풀
이와 함께 나올 뿐이다.

화살오징어: 살오징어목 오징엇과의 연체동물. 몸은 가늘고 길며 뒤 끝에
세모난 지느러미가 있고 머리에 열 개의 다리가 붙어 있다. 우리나라 동해
와 황해에 분포한다. (Loligo bleekeri)

이 말 역시 마찬가지다. '살오징어목'과 '살오징어'가 표제어에 없
다. 여러 자료를 찾아보면 살오징어와 화살오징어는 같은 오징어를
뜻하는 말이다. 살오징어의 '살'은 살덩어리[肉]가 아니라 '화살'을 뜻
하는 말이기 때문이다. 일부에서는 '화살촉오징어'라는 말도 쓰는데,

생긴 모양이 마치 화살촉과 닮았다고 해서 붙인 이름들이다. 물고기의 이름은 무척 다양하고, 그만큼 서로 구분하기 어려운 게 사실이다. 하지만 사전 편찬자들이 조금만 노력하면 혼란을 줄일 수 있을 것이다.

제 4 장

사전에 없는 말

• 잔과 컵

'잔'과 '컵'의 뜻풀이는 각각 다음과 같다.

잔(盞): 「1」 차나 커피 따위의 음료를 따라 마시는 데 쓰는 작은 그릇. 손잡이와 받침이 있다. 「2」 =술잔. 「3」 음료나 술을 '「1」'이나 '「2」'에 담아 그 분량을 세는 단위.

컵(cup): 「1」 물이나 음료 따위를 따라 마시려고 만든 그릇. 「2」 음료 따위를 '「1」'에 담아 그 분량을 세는 단위. 「3」 운동 경기에서 상으로 주는 큰 잔.

그렇다면 잔과 컵이 들어간 합성어에는 어떤 것들이 있을까? 보기 쉽게 표로 정리하면 다음과 같다.

잔	컵
유리잔	유리컵
맥주잔	
소주잔	
머그잔	
술잔	
찻잔	
	종이컵
	물컵

'잔'과 '컵'은 대개 같은 뜻으로 쓰이기 때문에 합성어 역시 함께 쓰는 경우가 많다. 하지만 『표준국어대사전』에서는 '유리잔'과 '유리컵'만 양쪽을 인정할 뿐, 다른 합성어는 인정하지 않는다. '머그잔'은 되고 '머그컵'은 안 되는 이유가 무언지 모르겠다. '머그(mug)'에 이미 잔이라는 뜻이 담겨 있기에 영어권에서는 그 뒤에 '컵(cup)'을 붙이지 않아서 그럴 수는 있겠다고 생각한다. 하지만 정통 영어 표현이 아니라 일본이나 우리나라에서 따로 만들어 쓰는 영어 표현이 한두 가지가 아님을 생각할 때 이미 많은 사람들이 실생활에서 사용하는 말을 인정하지 않는 것은 온당하지 않은 일이다. '맥주컵', '소주컵'을 인정하지 않는 것은 '컵'이라는 외래어를 피하기 위함이 아닐까 싶기도 하지만, '물컵'은 인정하고 '물잔'은 인정하지 않는 데 이르면 그것도 아닌 것 같아 도무지 기준을 모르겠다. '커피잔'은 아예 없고 '커피컵'은 신어 자료집에만 있다는 사실도 이해하기 어렵다.

이쯤에서 '잔'과 '컵'의 뜻풀이를 생각해 보자. '물컵'은 인정하고 '물잔'은 인정하지 않는 것이 아무래도 뜻풀이와 상관있어 보이기 때문이다. 잔은 '차나 커피 따위의 음료를 따라 마시는 데 쓰는 작은 그릇'이라고 했다. 커피도 차의 한 종류이므로 굳이 둘을 구분할 필요가 없지 않을까? 그리고 잔에는 물을 따라 마시면 안 되는 걸까? '컵'은 '물이나 음료 따위를 따라 마시려고 만든 그릇'이라고 해 놓았으니 '물컵'은 되고, 잔에는 물을 따라 마신다는 뜻이 없으므로 '물잔'은 안 된다고 하면 참 납득하기 어려운 일이다. 우리나라 사람 중에 잔과 컵이 다른 용도로 쓰이는 물건이라고 생각하는 사람이 얼마나 될까? '잔'의 뜻풀이에 붙은 '손잡이와 받침이 있다'는 내용도 그렇다. 손잡이와 받침이 없는 잔도 수없이 많지 않은가. 그렇다면 이참에 뜻풀이를 제대로 바꾸고, 일상생활에서 많이 쓰는 말들은 모두 표제어로 올려야 한다.

• 무침

우리나라 음식은 종류가 무척 많은데, 밥상에 빠지지 않고 오르는 음식 중의 하나가 무침이다. 사전에는 '무침'을 다음과 같이 풀이하고 있다.

무침:「1」 채소나 말린 생선, 해초 따위에 갖은 양념을 하여 무친 반찬.「2」 ((일부 명사 뒤에 붙어)) '양념을 해서 무친 반찬'의 뜻을 나타내는 말.

그런 다음 예문으로 다음의 네 가지를 들고 있다.

시금치무침, 북어무침, 골뱅이무침, 파래무침.

위 네 가지 무침 중에 사전에 표제어로 되어 있는 것은 '북어무침' 뿐이고, 나머지는 표제어에서 제외하고 있다. 사전에 오른 낱말 중 '무침'이 들어간 합성어는 아래와 같다.

광어무침, 가오리무침, 대구무침, 새우무침, 제육무침, 중하무침, 대하무침, 닭고기무침, 오징어무침, 게포무침, 보리새우무침, 북어무침, 북어대가리무침, 짠지무침, 오이지무침, 묵무침, 미역무침, 박속무침, 간무침(肝--), 초무침

(醋--).

제법 많은 무침 종류를 올려놓은 듯하지만, '게포무침'이나 '간무침 (肝--)' 등 상당수는 낯선 무침들이다. 생선보다는 채소를 이용한 무침 이 훨씬 많을 텐데 어찌 된 일인지 사전에는 채소를 이용한 무침보다 생선을 이용한 무침을 많이 올렸다. 더구나 편찬자가 새우를 좋아하 는지는 몰라도 '새우무침'뿐만 아니라 '중하무침', '대하무침', '보리새 우무침'까지 올려놓은 데 이르면 너무 지나치다는 생각을 지울 수 없 다. '시금치무침'이나 '고사리무침'은 왜 안 보이며, 무침이라고 하면 가장 쉽게 떠올리는 '콩나물무침'마저 없다는 걸 어떻게 이해해야 할 까? 물론 웬만한 나물은 모두 무침을 해 먹을 수 있으니 그 모든 무침 종류를 사전에 올리기 힘들 거라는 사실을 모르지는 않는다. 그럼에 도 표제어 선정에 있어 균형을 잃었다는 판단을 내릴 수밖에 없다. 일 일이 올리기 힘들면 최소한 '나물무침'이나 '회무침' 같은 낱말이라도 올려야 한다.

'가다'라는 낱말을 풀이한 다음 아래 예문을 든 것은 무슨 까닭일까? 아마도 '콩나물무침'이 예문 안에 들어간 것도 모르고 있을 것이다.

콩나물무침이 시큼하게 맛이 갔어. (표제어: 가다01)

• 탕과 찜

해물탕(海物湯): 여러 해산물을 넣고 얼큰하게 끓인 음식.

해물탕과 함께 형제 관계나 다름없는 음식이 해물찜이다. 탕을 좋아하는 사람이 있듯이 찜을 좋아하는 사람도 있다. 하지만 사전 편찬자는 해물찜을 좋아하지 않는 모양이다. '해물탕'은 있고 '해물찜'은 없는 사전을 보며 든 생각이다.

그렇다면 아귀를 이용한 음식은 어떨까? 사전에 '아귀찜'은 있는데 '아귀탕'은 없다. 다만 '아귀탕' 대신 '아귀해물탕'은 표제어로 올려두었다. 일상생활에서 '아귀해물탕'보다 '아귀탕'을 많이 쓰고, 식당 간판에도 '아귀해물탕'보다는 '아귀탕'이 훨씬 많이 등장한다. 사전 편찬자들은 이런 사실을 정말 모르는 걸까?

참고삼아 사람들이 '아귀'보다는 '아구'를 많이 사용하므로 '자장면'과 '짜장면'을 복수표준어로 인정했듯이 '아구'도 표준어로 인정하는 게 좋겠다는 생각을 한다.

한편 사전에 '홍어탕'과 '홍엇국'은 있지만 '홍어찜'은 없다. 사람들이 즐겨 먹는 '가오리찜' 역시 없다. 조개는 '조개탕'과 '조개찜' 둘 다 있는데 홍어와 가오리는 왜 차별을 하는 걸까?

이 밖에도 추어탕, 대구탕, 새우탕, 우거지탕, 해장탕은 표제어에 있고, 내장탕, 동태탕, 생태탕, 생선탕, 민물매운탕, 맛탕 같은 말은 없다.

생선탕만을 온전히 맛보자면 쇠고기 꾸미를 넣지 말고 끓여야 한다는 말을 들었더니…. 출처 : 《최남선, 금강 예찬》 (표제어: 꾸미)

거듭 말하지만 예문에 있는 낱말들을 사전에 표제어로 올리지 않는 이유를 모르겠다.

• -짜

음식점에 들어가면 같은 음식이라도 양에 따라 소짜, 중짜, 대짜로 구분해서 파는 경우가 많다. 사전에는 '소짜'를 다음과 같이 풀이하고 있다.

소짜(小-): 작은 것.

그리고 아래와 같은 예문을 소개해 놓았다.

해물탕 소짜로 하나 주세요.
탕수육 소짜 하나에 자장면 두 그릇을 시켰다.

이처럼 '짜'가 들어간 낱말은 중짜, 대짜 말고도 진짜, 가짜, 공짜, 생짜 등 여럿이다. 이들 낱말에 쓰인 '-짜'는 '-것'을 뜻하는 접미사로 보는 것이 타당하다. 하지만 『표준국어대사전』 어디에도 접미사에 해당하는 '-짜'는 보이지 않는다.

접미사 자체를 사전에 싣지 않았다면 모르지만 다른 접미사들은 실으면서 왜 '-짜'는 빼놓았을까? 단순한 실수라고 보기에는 영 찜찜함이 가시지 않는다.

• 내공과 외공

『표준국어대사전』에서 '내공'을 찾으면 여러 개의 동음이의어가 나오는데, '훈련과 경험을 통해 안으로 쌓인 실력과 그 기운'(다음한국어사전의 뜻풀이)을 뜻하는 '내공'은 보이지 않는다.

이 말은 원래 중국의 무협소설에 자주 나오던 말이다. 중국의 무협소설이 1960년대 초에 우리나라에 들어와서 널리 읽히다 보니 '내공'이라는 말도 자연스레 퍼져나갔다. 다음한국어사전에는 '내공'과 함께 상대어인 '외공'도 실려 있지만, 『표준국어대사전』에는 '외공' 역시 실려 있지 않다. 다음한국어사전에서는 내공과 외공을 한자로 각각 '內工'과 '外工'으로 표기하고 있다.

국립국어원의 '상담 사례 모음'에는 다음과 같은 질문과 답변이 실려 있다.

질문: 내공의 힘, 도사의 내공, 10년 내공 등에 쓰인 '내공'이라는 말은 신조어인가요? 『표준국어대사전』에서는 찾을 수 없던데, 그 표현을 사용해도 되는지와(표준어가 아니라서 사용하지 못한다면 어떤 단어로 대체해야 하는지와) 한자어로는 어떻게 되는지 알려 주시면 감사하겠습니다.

답변: 문의하신 '내공'은 사전과 신조어 자료집 등에 실려 있지 않아 뜻풀이와 쓰임새를 정확히 제시하기는 어려우나, 이 말이 쓰이는 맥락을 볼 때, '안, 들다, 들이다'의 뜻을 나타내는 '내(內)'와, '애써서 들이는 정성과 힘'을 이르는 '공(功)'이 결합하여 만들어진 말로 짐작이 됩니다.

위 답변에 따르면 內工과 外工이 아니라 內功과 外功으로 적는 게 합당해 보인다. 네이버캐스트의 '내공' 항목에도 內功으로 되어 있다. 하지만 국립국어원의 답변 내용은 참으로 실망스럽다. '내공'이라는 말은 실생활에서 쓰이는 빈도수가 꽤 많은 편이므로 조금만 자료를 찾아보면 그 말이 생긴 연원을 어렵지 않게 찾을 수 있을 것이다. 게으름 내지는 무능을 자인하는 답변으로밖에 여겨지지 않는다.

• 배전두와 생두

배전두커피(焙煎豆coffee): '원두커피'를 달리 이르는 말. ≒레귤러커피.

'배전두'와 '커피'가 합쳐진 말일 텐데 앞부분에 있는 '배전두'라는 말이 따로 표제어로 올라 있지 않다. 배전두는 가공한 커피를 말한다. 본래는 가공하기 전의 커피를 '생두(生豆)'라 하고, 가공한 커피를 '원두(原豆)'라 했는데, 지금은 가공하기 전의 커피콩과 볶은 커피콩을 아울러 '원두'라고 부른다. '생두'라는 말도 사전에 올라 있지 않다.

• 심사평, 심사위원, 해설위원

사전에 '관전평'은 있는데 '심사평'이라는 낱말이 없다. 두 낱말의 중요도나 사용 빈도수에 있어 어떤 차이가 있는지 모르겠다. 더구나 '심사위원'이라는 말도 없다. 사전에 '위원'이 들어간 합성어가 30개 정도 표제어로 올라 있다. 이들 합성어를 보니 모두 전문어들이다. 예를 들어 '감사위원'은 『법률』, '집행위원'은 『정치』, '편집위원'은 『출판』 같은 식으로 항목 분류를 해 놓고 있다. 결국 '심사위원'은 전문 분야의 용어가 아니라는 이유로 빠진 셈이나 마찬가지다. '해설위원'이 표제어에 없는 것도 같은 이유가 작용한 듯하다. 이러한 사실은 사전 편찬자들이 우리말을 대하는 태도에 심각한 문제가 있을 수도 있다는 생각이 들게 한다. 보통 사람 중심이 아니라 전문가 중심의 사고가 은 연중 배어 있다는 의심을 거둘 길이 없다.

• 첫마음, 첫경험, 첫만남

'첫'이 붙은 낱말로 표제어에 오른 것은 첫사랑, 첫발, 첫발자국, 첫눈, 첫인사, 첫아이, 첫행보, 첫혼인, 첫울음, 첫대목, 첫추위, 첫출발, 첫나들이, 첫영성체처럼 매우 많다. 그 많은 낱말 중에 '첫마음', '첫경험', '첫만남'은 보이지 않는다. 이들 낱말은 '첫나들이'나 '첫영성체' 같은 낱말보다 사용 빈도수가 높을 것이다. 더구나 '첫마음' 같은 경우 한자어 '초심'(初心)에 대응하는 말이며, 사전에 '첫ᄆᆞᅀᆞᆷ'을 표제어로 올려 '초심의 옛말'이라고 풀이해 놓았으므로 표제어에서 뺄 이유가 없다.

참고로 국립국어원에 올라온 질문과 답변 내용을 소개한다. 내용을 보면 알다시피 '첫마음', '첫경험' 등이 왜 '첫사랑'이나 '첫눈'과 다른 대우를 받아야 하는지에 대해서는 아무런 설명이 없다.

질문: '첫'은 관형사로, '맨 처음의'라는 뜻을 가지고 있다고 나옵니다. 그런데 여기서 첫 경험/첫 만남/첫 시험/첫 월급/첫 사건/첫 느낌 등은 '첫'이 관형사이고 뒤의 것은 명사이기 때문에 띄어 쓴다는 것은 알겠는데요, 그럼 첫사랑, 첫눈, 첫겨울 등은 왜 붙여 쓰지요?

답변: 명사 '경험, 만남, 시험'이 관형사 '첫'의 수식을 받는 구조인 '첫 경험, 첫 만남, 첫 시험'과는 달리, 관형사 '첫'과 명사 '사랑, 눈, 겨울'이 결합한 형태로 굳어져 쓰이는 '첫사랑, 첫눈, 첫겨울'은 합성어로 인정된 말이며, 합성어는 한 단어이므로, 모든 음절을 붙여 적습니다.

• 식민사관

'사관'이 들어간 말로 유물사관, 황국사관, 경제사관, 인구사관, 종교사관 등 여러 개가 표제어로 올라 있는데, 유독 '식민사관'이라는 말은 보이지 않는다. 잘 쓰지도 않는 '인구사관' 같은 말도 있는 것에 비하면 잘못된 일이다. '식민사관'이 역사학계에서 학문으로 공인된 사관으로 인정을 받지 못해서 그랬다고 할지도 모르겠는데, 사전에 학문 용어만 실리라는 법도 없고, 사람들이 많이 쓰고 사회에서 통용되는 말이라면 당연히 사전에 올려야 한다.

• 오리알과 꿩알

사전에 '오리알'은 없고 다음과 같이 '오리알구이'라는 말이 올라 있다.

오리알구이: 여러 개의 오리알을 깨뜨려 양념한 것을 대통 속에 넣어 삶은 뒤에 꺼내어 기름을 발라 구운 반찬. ≒압란구.

뜻풀이에도 분명 '오리알'이라고 붙여 쓴 낱말이 보이며 관용구로 '낙동강 오리알'을 올려놓기도 했다. 뿐만 아니라 아래와 같이 뜻풀이에 '오리알'이 들어간 낱말이 많다.

압로(鴨爐): 오리알 모양으로 만든 향로.

숙란(熟卵): 삶아 익힌 달걀이나 오리알.

계란장(鷄卵醬): 달걀이나 오리알을 넣어 삭힌 간장.

그리고 다른 낱말의 예문에도 '오리알'이 보인다.

실실이 풀린 몸을 요 위에 누일 때는 하늘 한 가에 비스듬히 걸린 지새는달이
꿈꾸는 듯 조는 듯 광채 없는 오리알빛으로 사라지려 할 적이었다. 출처 :《현
진건, 지새는 안개》(표제어: 지새는달)

위 예문에는 아예 '오리알빛'이라는 말까지 나오지만 당연하게도
표제어에는 없다. '오리알'도 없는데 '오리알빛'이 올라 있기를 바라
는 건 허망한 기대일지도 모른다.

참고로 '꿩알'도 표제어에 없다. 그러면서 속담에 '으슥한 데 꿩알
낳는다'를 올려놓았다. 분명히 '꿩 알'이 아닌 '꿩알'로 되어 있다.

• 춘장과 수타면

'춘장(春醬)'은 중화요리에 쓰는 중국식 된장이다. 거무스름한 색깔
을 띠고 있으며 주로 짜장면을 만들 때 쓴다. 자장면이냐 짜장면이냐
에 대해서만 신경을 써서 그런지 정작 짜장면에 들어가는 춘장에 대
해서는 관심이 없었나 보다.

하기야 '자장' 혹은 '짜장'이라는 낱말도 표제어에 없다. '그렇기에
이 집의 수타 자장은 빛깔이 검은 색보다는 특유의 갈색 빛을 띤다
(『내일신문』, 2011. 8. 29.)'처럼 분명히 '자장(짜장)'이 따로 쓰이기도 하는데
말이다. 궁금해서 '수타면'을 찾으니 역시 표제어에 없다. 많은 사람들
이 사랑하는 자장면(짜장면)을 너무 홀대하고 있다는 생각이 든다.

• 대장과 대원

『표준국어대사전』은 '대(隊)'를 다음과 같이 명사로만 풀고 있다.

대(隊): 「명사」 「1」 =대오03(隊伍). 「2」 『군사』 소대, 중대, 대대 따위의 편제(編制) 부대. 「3」 ((수량을 나타내는 말 뒤에 쓰여)) 편제된 무리를 세는 단위. 예문)일 대는 공격에 나서고 제이 대는 수비를 맡는다.

이에 반해 다음한국어사전은 명사 외에 접미사로도 '대(隊)'를 하나의 낱말로 인정해서 다음과 같이 더 풀어 놓고 있다.

대(隊): 「접미사」 (1) 군사 업무를 나타내는 일부 명사 뒤에 붙어, '그러한 업무를 하는 부대'의 뜻을 더하여 명사를 만드는 말. 예문) 간호대, 결사대, 경비대, 경찰대, 공격대, 공병대, 군악대, 돌격대. (2) 어떤 일을 나타내는 명사 뒤에 붙어, 그러한 일을 하는 조직의 뜻을 더하여 명사를 만드는 말. 예문) 건설대, 계몽대, 고적대, 공작대, 구조대, 데모대, 발굴대.

『표준국어대사전』도 마땅히 접미사 역할을 하는 '대(隊)' 항목을 추가해야 한다. 그리고 '대'라는 무리가 있으면 대부분 그들을 이끄는 대장과 그에 속하는 대원이 있기 마련이다. 하지만 대장과 대원이 결합한 말은 사전에 매우 드물게 실려 있다. 다음한국어사전에 나온 예시어 외에 사람이 많이 쓰는 말 몇 개를 더해서 대장과 대원이 들어가는 말들을 『표준국어대사전』에서 찾아보자.

대장과 대원이 모두 있는 말: 군악대, 기동대, 별동대.

대장만 있는 말: 없음.

대원만 있는 말: 돌격대.

대장, 대원 모두 없는 말: 간호대, 결사대, 경비대, 경찰대, 공격대, 공병대, 건설대, 계몽대, 고적대, 공작대, 구조대, 데모대, 발굴대, 탐험대, 행동대, 특공대, 구조대, 원정대.

위의 모든 낱말에 대장과 대원을 붙여서 합성어로 인정하는 건 힘들 수도 있지만 '탐험대장'과 '탐험대원', '행동대장'과 '행동대원' 같은 말들은 마땅히 표제어로 삼아야 한다.

• 강치

'강치'라는 바다 생물 이름을 들어보았는지? 『표준국어대사전』에도 오르지 못한 비운의 강치에 대한 기사 한 편을 소개한다.

독도에는 20세기 초까지도 강치라는 물갯과 동물이 수만 마리씩 서식했다. 그러나 일제강점기 때 강치는 가죽과 기름을 얻으려는 일본 어민들의 마구잡이 포획으로 멸종됐다. 해양수산부는 19일 박근혜 대통령에게 올해 추진할 주요 업무를 보고하는 자리에서 멸종된 독도 강치를 복원하겠다고 밝혔다.
- 『연합뉴스』, 2014. 2. 19.

이 가련한 '강치'를 다행히도 다음한국어사전에서는 다음과 같이 자세히 풀어놓았다.

강치: 포유류 강칫과에 속한 바다 동물. 수컷의 몸길이는 2.4미터 정도이고 암컷은 이보다 작다. 몸은 물개와 비슷하며, 몸빛깔은 흑갈색이고 앞다리와 뒷다리는 지느러미 모양이다. 오징어, 낙지, 문어, 어류 등을 즐겨 먹으며 사람을 잘 따른다. 수컷은 10~15마리 이상의 암컷을 거느리며, 번식 기간에는 육상에 산다. 북아메리카의 캘리포니아 연해와 갈라파고스 섬에 서식한다. 학명은 Zalophus californianus이다.

• 머리끈

『표준국어대사전』에 '머리띠'는 있지만 '머리끈'은 없다. 언뜻 들으면 두 물건이 같은 것 같지만 엄연히 쓰임새가 다르다. 머리띠는 머리에 매는 띠로, 주로 이마와 뒤통수를 감아서 두른다. 반면 머리끈은 주로 여자들이 긴 머리를 묶는 데 사용한다. 다음한국어사전에는 '머리끈'을 표제어로 올려놓고 '머리를 묶을 수 있는 끈'이라고 풀이해 놓았다.

• 막창과 홍창

『표준국어대사전』에는 '막창'이라는 말도, '홍창'이라는 말도 없다. 그런데 다음한국어사전에는 다음과 같은 뜻풀이와 함께 '막창'이라는 말이 올라 있다.

막창: 소나 양(羊)같이 되새김질하는 동물의 네 번째 위(胃)를 속되게 이르는 말. 양(胖), 벌집위(胃), 천엽에 이어 맨 마지막 위(胃)를 주로 고기로 이를 때 쓰는 말로 홍창이라고도 한다.

아쉽게도 다음한국어사전에도 '홍창'이라는 말이 표제어에 없다. '막창'은 고깃집에서 많이 파는 음식 종류이기도 하다. 마땅히 사전에 실려야 한다.

• 수용자

『표준국어대사전』에는 '수용자'라는 낱말이 아래처럼 두 개가 올라 있다.

수용자01(受用者):『의학』=받는이.

수용자02(需用者): 사물이나 사람을 구하여 쓰는 사람.

이에 반해 다음한국어사전에는 아래와 같은 낱말들이 올라 있다.

수용자1(需用者): 사물이나 사람을 구하여 쓰는 사람.

수용자2(受用者): [의학] 타인의 장기를 제공받아서 이식 수술을 받는 환자.

유의어: 받는이(3)

수용자3(收容者): 범법이나 일탈 행위로, 감옥이나 수용 시설 따위의 특정한 장소에 갇혀 지내는 사람.

『표준국어대사전』에는 다음한국어사전에 나오는 세 번째 낱말이 없다. 그리고 『표준국어대사전』에서 제시한 첫 번째 낱말을 아무런 뜻풀이 없이 '받는이'와 동의어라고만 처리했고, 다음한국어사전에는 뜻풀이와 함께 역시 유의어로 '받는이'를 제시했다. 한자어를 우리말로 바꾼 것은 참 잘한 일이다. 그런데 여기서 한 가지 궁금한 점이 생긴다. '받는이'가 있으면 '주는이'도 있어야 할 텐데 그런 낱말은 사전에 없다는 사실이다. 혹시나 해서 한자어 '제공자'는 있을까 해서 찾아보았더니 그런 말 역시 찾을 수가 없었다.

• 관리사

'관리사(管理士)'가 들어간 말로 열관리사, 경영관리사, 주택관리사, 전기관리사, 에너지관리사 등이 사전에 올라 있다. 하지만 아무리 찾아봐도 '관리사' 자체는 표제어에 없다. 다만 '조선 시대에 둔 관리영의 으뜸 벼슬'의 뜻을 지닌 '관리사(管理使)'가 올라 있을 뿐이다. 무신경해서 그랬는지는 모르겠으나 지금이라도 '관리사'를 독립된 표제어로 사전에 올려야 한다.

• 조적공, 타일공, 덕트공, 페인트공

'공(工)'은 흔히 '기술직 노동자'의 뜻을 더하는 접미사로 쓰인다. '공'이 붙은 말로 사전에 전기공, 벽돌공, 미장공, 도배공, 비계공 같은 말들이 올라 있다. 하지만 공사현장에서 많이 쓰는 조적공, 타일공, 덕트공, 페인트공 같은 말들이 빠져 있다.

• 인삼밭과 마늘밭

밭이 들어간 말은 무척 많다. 그중에 인삼밭과 마늘밭은 사전에 없다. 칡밭, 메밀밭, 모시밭, 버섯밭, 녹두밭, 목화밭, 왕대밭 같은 말들은 사전에 있는데, 이들 낱말에 비해 인삼밭과 마늘밭의 사용 빈도수가 결코 떨어지지 않으므로 함께 사전에 올려야 한다.

• 쌀막걸리와 생막걸리

사전에는 '찹쌀막걸리'와 '보리막걸리'가 표제어로 올라 있지만 '쌀막걸리'라는 말은 없다. 실생활에서는 '찹쌀막걸리'보다 '쌀막걸리'라는 말을 더 많이 쓴다. 잣막걸리, 조막걸리, 수수막걸리 같은 것까지는 몰라도 '쌀막걸리'는 표제어로 올려야 한다. 아울러 '생막걸리' 역시 실생활에서 많이 쓰는 말이므로 함께 표제어로 올려야 한다.

• 삼색나물

『표준국어대사전』은 '제사 지낼 때에, 상에 올려놓는 세 가지 과실'을 뜻하는 '삼색과실(三色果實)'을 표제어로 올렸으나, 역시 제사상에 올리는 세 가지 나물을 뜻하는 '삼색나물'은 올리지 않았다. 다음한국어사전에는 '제사에 쓰는 세 가지 나물. 흔히 도라지, 시금치, 고사리를 이른다'는 뜻을 담아 표제어로 올려놓고 있다.

• 과일청과 매실청

매실은 쓸모가 많은 과일이다. 보통은 매실을 이용해서 매실주나 매실장아찌를 담그지만 매실청을 담그는 사람도 많다. 매실을 깨끗이 씻어 말린 다음 설탕을 재어 놓으면 매실청이 된다. 그런데 이 '매실청'이라는 낱말이 사전에 없다. 매실뿐만 아니라 온갖 과일이 과일청을 만드는 재료로 쓰이며, 사과청, 석류청, 귤청, 키위청, 심지어 양파청을 만들어 먹기도 한다. 그렇다면 이러한 말들의 뒤에 붙은 '청'

은 무얼 뜻하는 말일까? 사전에서 찾을 수 있는 가장 가까운 뜻을 지 닌 말은 '궁중에서, 꿀을 이르던 말'이라는 뜻으로 풀어놓은 '청(淸)'이 다. 설탕을 재어서 만드니 꿀이라는 말과 충분히 연결이 되기는 하지 만 과일로 만든 청에 해당하는 풀이가 따로 있어야 할 듯하다. 아울러 모든 과일의 청 종류를 사전에 실을 수는 없겠지만 최소한 '과일청'과 '매실청' 정도는 표제어로 올려야 한다고 생각한다.

• 소집책, 자금책, 판매책, 공급책
다음한국어사전에는 아래와 같은 접미사가 나온다.

−책(責): 일부 명사 뒤에 쓰여, 책임자의 뜻을 더하여 명사를 만드는 말. 예문)
소집책, 자금책, 조직책.

하지만 『표준국어대사전』에는 접미사 '−책(責)'이 없다. 그리고 위 에 나온 예문 중 '조직책'만 표제어로 올라 있으며, '소집책', '자금책' 은 없다. 이들과 함께 많이 쓰이고 있는 '판매책', '공급책' 같은 낱말 도 없다.

• 제육덮밥과 오징어덮밥
『표준국어대사전』은 '덮밥'의 뜻을 다음과 같이 풀었다.

덮밥: 반찬이 될 만한 요리를 밥 위에 얹어 먹는 음식을 통틀어 이르는 말.
고기덮밥, 오징어덮밥 따위가 있다.

그런데 뜻풀이에 나오는 '고기덮밥'과 '오징어덮밥'이 표제어에 없다. 덮밥 종류가 너무 많아서 일부러 모두 싣지 않았나 했더니 달걀덮밥, 계란덮밥, 회덮밥, 닭고기덮밥은 표제어에 있다. 그러면서 덮밥 중에 가장 많이 알려진 '제육덮밥'과 '오징어덮밥' 등은 빼놓았다. 이해할 수 없는 일이다. 더구나 '닭고기덮밥'은 낯선 이름의 덮밥인데, 떡하니 표제어에 올려두었다. 뜻풀이는 다음과 같다.

닭고기덮밥: 사발에 담은 더운밥 위에 닭고기를 잘게 썰어 얹고 달걀을 풀어 그 위에 끼얹어 덮은 일본 음식.

일본 음식이라서 표제어로 올려놓은 건가 하는 생각에 일본 음식은 우대하면서 우리 음식은 천덕꾸러기 취급을 하는 것 같아 마음이 불편하다.

• 용천수와 봉천수

'용천수(湧泉水)'는 대수층(帶水層)을 따라 흐르는 지하수가 암석이나 지층의 틈새를 통해 지표로 솟아나는 물을 말한다. '대수층'은 사전에 '지하수가 있는 지층. 물이 포화 상태에 있으므로 상당한 양의 물을 산출할 수 있다'라고 풀이해 놓았다. 주로 제주도에서 많이 나온다.

사전에 '용천수'는 없지만 '용천'은 다음과 같이 표제어로 올라 있다.

용천(湧泉): 「1」 물이 솟아나는 샘. 「2」 왕성하게 발생함을 비유적으로 이르는 말. 「3」지하수가 자연 상태에서 지표로 분출하는 일.

한편 용천수가 없는 지역에서는 낮은 곳에 모인 깨끗한 물을 이용했는데, 이러한 물을 '봉천수(奉天水)'라고 한다. '용천수'와 '봉천수'는 주로 제주 지역에서 쓰는 말이지만, 특별한 물을 가리키는 고유어처럼 쓰이므로 표제어로 삼는 것이 좋다.

• 청보리와 청보리밭

'청보리밭'은 신어자료집에 '봄에 파랗게 싹이 튼 보리밭'이라는 풀이와 함께 올려놓았는데, '청보리'는 아예 없다. 1988년에 임홍재 시인의 유고시집 제목이 『청보리의 노래』였으므로, 그 이전부터 '청보리'라는 말이 쓰이고 있었음을 알 수 있다. 다음한국어사전에는 '청보리'를 '아직 여물지 않은 푸른 보리', '청보리밭'을 '아직 여물지 않은 푸른 보리가 자라고 있는 밭'이라고 풀어 놓았다.

• 탈북

사전에서 '탈북자'와 '탈북인'을 찾으면 '새터민'을 찾아가라고 해놓았다. '새터민'이라는 말은 '탈북자'와 '탈북인'이라는 말이 북한을 탈출한 사람을 차별할 소지가 있다고 해서 2005년부터 새로 만들어 쓰게 한 말이다. '새터민'이라는 말을 만들어 쓰게 된 배경을 모르는 바는 아니지만 그렇다고 해서 '탈북'이라는 말까지 사전에 올리지 않는 것은 이해하기 어렵다. '입북'과 '납북'이 표제어에 있는 것에 비추어보면 불합리한 처사이다.

• 단양주, 이양주, 삼양주

연구원 시절 권희자 교수로부터 전통주를 배울 수 있었다. 그렇게 해서 덧술이 없는 '단양주(單釀酒)', 밑술에 덧술을 섞는 '이양주(二釀酒)', 덧술을 두 번 섞는 '삼양주(三釀酒)'를 빚을 줄 알게 된다.

- 『영남일보』, 2013. 3. 29.

위 기사에 나오는 단양주, 이양주, 삼양주라는 낱말이 사전에 없다. 전통주와 관련된 낱말로 인터넷 검색을 해보면 주르륵 나오는 용어이다. '덧술'이라는 말도 『표준국어대사전』에는 없지만 다음한국어사전에는 다음과 같이 뜻을 풀어 놓았다.

덧술: 술의 품질을 높이기 위하여 밑술에 넣는 술밑이나 술밥. 곡물, 물, 누룩을 혼합하여 만든다.

• 각굴과 알굴

인근의 또 다른 굴 마을인 금천마을은 워낙 나오는 양이 많아서 거의 각굴(껍데기굴) 그대로 내지만 굴전마을에서는 일일이 까서 '알굴'로 낸다. 그만큼 손이 간다.

- 『광주드림』, 2013. 1. 15.

인터넷에서 검색을 하면 각굴이나 알굴을 판매한다는 공지 사항이 많이 뜬다. 위 기사는 전남 여수 쪽에서 굴을 양식하는 마을 이야기를 다룬 기사인데, 경남 통영에서도 똑같이 '각굴'과 '알굴'이라는 말을 쓴다. 사전 편찬자들이 이런 말들을 찾아 나설 줄 알아야 한다.

• 양근과 화근

붉게 익은 고추는 잘 말린 후 빻아서 고춧가루를 만든다. 이때 말리는 방법에 두 가지가 있는데, 햇볕에 말리는 방법과 건조 시설을 갖춘 곳에서 말리는 방법이다. 햇볕에 말린 고추를 '태양초'라고 한다는 사실은 대부분 알고 있다.

그런데 이 태양초를 '양근'이라는 말로 부르기도 한다. 그리고 건조장에서 말린 고추는 '화근'이라고 부른다. 하지만 이 두 낱말은 『표준국어대사전』에도, 다음한국어사전에도 실리지 않았다. 실리지 않은 이유는 모르겠지만 제법 많은 사람들이 쓰고 있는 말이다. 한자로 어떻게 표기하는지는 모르겠으나 양근의 '양'은 볕을 뜻하는 '陽', 화근의 '화'는 불을 뜻하는 '火'에 해당하는 것으로 보인다.

• 우산꽂이

『표준국어대사전』에서 '꽂이'를 찾으면 다음과 같이 나온다.

꽂이: → 꼬챙이.

'꼬챙이'의 비표준어라는 얘기인데, 다시 '꼬챙이'를 찾으면 다음과 같다.

꼬챙이: 가늘고 길면서 끝이 뾰족한 쇠나 나무 따위의 물건. ≒꼬치01「2」.

‘꼬챙이’를 ‘꽂이’로 잘못 쓰는 경우가 없지는 않겠으나 실제로 그렇게 쓰는 예는 드물지 않을까 싶다. 이와 관련해서 국립국어원의 ‘상담 사례 모음’에 다음과 같은 질문과 답변이 실려 있다.

질문: 우산을 꽂아 두는 통을 일반적으로 ‘우산꽂이’라고 해서 자주 사용하는 것 같아『표준국어대사전』을 찾아보니 표제어 등록이 되어 있지 않더군요. 그래서 이런 경우라면 아직 등록되지 않은 단어이니 ‘우산 꽂이’라고 띄어 쓰는 것이 맞을 것 같은데, '꽂이'라는 말을『표준국어대사전』에서는 ‘꼬챙이’의 잘못이라고 정의하면서 접사로 간주하지 않고 있더군요.

그렇다면 ‘우산을 꽂아 두는 통 등을 가리키는 말’로 무엇을 쓰면 좋을까요? ‘우산꽂이’라고 쓰자니 국어사전에 등록도 되어 있지 않은 말을 붙여 쓰는 것 같아 옳지 않아 보이고 ‘우산 꽂이’라고 하자니 ‘꽂이’라는 단어가 독립되어 쓰는 단어일 경우 ‘꼬챙이의 잘못’이 되는 것 같아서 쓰기가 조심스럽습니다. 따라서 ‘우산 꽂이’의 띄어쓰기나 그 단어를 대체할 다른 단어를 알려 주시면 감사하겠습니다.

답변:『표준국어대사전』에 “((몇몇 명사와 동사 어간의 결합형 뒤에 붙어)) ‘사람’, ‘사물’, ‘일’의 뜻을 더하고 명사를 만드는 접미사. 때밀이/젖먹이/재떨이/옷걸이/목걸이/가슴앓이”와 같은, ‘-이’의 정보가 실려 있고, ‘낚싯대꽂이’, ‘낫꽂이’, ‘냅킨꽂이’와 같은 합성어가 쓰이고 있음을 고려하면, ‘우산꽂이’와 같이 쓸 가능성이 없지는 않습니다.

하지만 현재『표준국어대사전』에 ‘우산꽂이’가 하나의 단어로 실려 있지 않으므로, 이에 따르자면, ‘우산’과 ‘꽂이’를 각각의 단어로 보아, ‘우산 꽂이’와 같이 써야 할 것으로 보입니다.

위 답변에도 나와 있듯이 '낫꽂이', '냅킨꽂이', '낚싯대꽂이'가 표제어로 등재되어 있으며, 마찬가지 형태인 '연필꽂이', '붓꽂이', '책꽂이' 등도 함께 올라 있다. '우산꽂이'만 표제어에서 빠져야 할 이유가 없으므로 그냥 구차한 답변 대신 표제어로 올리면 된다.

더 문제인 것은 '꽂이' 항목의 뜻풀이다. 위 질문자가 말한, 무언가를 꽂아두는 곳이나 도구를 뜻하는 풀이가 당연히 실려야 한다. '꺾꽂이', '꽃꽂이' 등에 붙은 '꽂이'의 뜻도 함께 담아서 말이다.

질문에 대한 답변을 보면 한결같은 게, 『표준국어대사전』의 오류나 실수, 누락에 대한 언급은 없고 그냥 『표준국어대사전』을 따르라는 식이다. 그러니 개선이 이루어질 리 만무한 노릇이다.

• 배받이(배받이살)

· 방금 저희 아버지께 배받이가 뭐냐고 여쭈어보니 개의 배 부분 고기라고 하던데요. 그 배받이라는 부분이 굉장히 고소한 맛이 난다고 합니다.

· 겨우 2.8kg의 도미 배받이살이라고는 믿을 수가 없는 엄청난 두께를 자랑한다.

인터넷 검색을 통해 찾은 문장들이다. 이처럼 '배받이(배받이살)'는 짐승이나 생선의 배 부분에 있는 살을 가리키는 말로 사용한다. 여러 부위 중에서도 가장 맛있는 부위로 치는 경우가 많은데, 국어사전은 없는 낱말 취급을 하고 있다.

• 샤부샤부

'샤부샤부'는 일본에서 건너온 음식이긴 하지만, 지금은 널리 퍼져서 어디를 가나 '샤부샤부'를 전문으로 하는 음식점이 무척 많다. 하지만 이 말을 사전에 올리지 않다 보니 표기가 통일되지 않아 '샤브샤브'라고도 하고 '샤부샤부'라고도 한다. 다음한국어사전은 표제어로 올리고 다음과 같이 뜻을 풀었다.

샤부샤부([일본어] syabusyabu): 끓여서 우려낸 육수에 얇게 저민 고기를 데쳐 갖은 야채 및 양념 국물과 곁들여 먹는 음식.

• 쓴물

『표준국어대사전』에서 '쓴물'을 찾으면 아래와 같은 풀이를 가진 말이 나온다.

쓴물: 속에 있는 미생물 때문에 빛이 변한 바닷물.

하지만 실생활에서 많이 쓰는 '쓴물'이 따로 있는데, 이 말은 『표준국어대사전』에 없다. 인터넷 검색을 통해 찾은 문장 몇 개를 보자.

· 고들빼기 쓴물은 며칠 빼는 건가요?
· 도라지 무침을 했는데 너무 질겨요. 쓴물도 다 안 빠진 거 같고 어째서 그리 됐는지 모르겠네요.
· 음식이나 물 종류 등을 먹을 때마다 종종 목안에서 쓴물이 올라와서 음식

맛이 전부 쓴맛으로 느껴집니다.

독성을 가진 식물에서 나오는 쓴물과 위(胃)에서 올라오는 쓴물에 대한 풀이를 담은 말이 새로 사전에 담겨야 한다. 사전에 '심하게 토할 때, 먹었던 음식물 따위가 다 나온 뒤 나중에 나오는 누르스름한 물'을 가리키는 '똥물'이 나오는데, 실생활에서는 '똥물'보다 '쓴물'을 더 많이 쓴다.

• 노선도와 노선표
사전에서 '노선(路線)'을 찾으면 다음과 같이 나온다.

노선(路線):「1」자동차 선로, 철도 선로 따위와 같이 일정한 두 지점을 정기적으로 오가는 교통선. 「2」개인이나 조직 따위가 일정한 목표를 실현하기 위하여 지향하여 나가는 견해의 방향이이나 행동 방침.

여기까지는 아무런 문제가 없다. 우리가 익히 알고 있으면서 많이 쓰는 말에, 뜻풀이도 제대로 달렸기 때문이다. 그런데 노선을 표시한 '노선표' 혹은 '노선도'라는 낱말은 왜 사전에 없는 걸까?
『표준국어대사전』에 '노선도'라는 낱말이 있기는 한데, 위에서 풀이한 두 가지 뜻의 '노선'과는 관련이 없으며 다음과 같은 뜻을 달아 놓았다.

노선도(路線圖):『지리』지질 조사 때, 조사하는 노선에 따라 관찰한 사항을 기입한 지도. 관찰한 부분만 기록하고 그렇지 않은 부분은 공백으로 둔다.

'지하철 노선도' 혹은 '버스 노선도'라고 할 때의 '노선도'는 대체 어디로 사라진 건지 알 수가 없다.

이 밖에 사전에 없는 낱말들을 중심으로 간단하게 정리를 해보았다.

· 판매가와 판매액은 있는데 공급가와 공급액, 할인가와 할인액은 없다.

· 공급자는 있는데 공급처는 없다.

· 보건교사와 보건교육은 있는데 보건실은 없다.

· 수상생활은 있는데 수상가옥은 없다.

· 카섹스는 있는데 오럴섹스는 없다.

· 추리력은 있는데 논리력과 인지력은 없다.

· 블랙코미디는 있는데 블랙유머는 없다.

· 성깔머리는 있는데 성질머리는 없다.

· 시작종은 있는데 끝종은 없다.

· 서명운동은 있는데 서명지, 서명대, 서명란은 없다.

· 맞벌이는 있는데 외벌이는 없다.

· 재생산은 있는데 재탄생과 재도약은 없다.

· 메모지는 있는데 메모장은 없다.

· 명함지는 있는데 명함철은 없다.

· 추모객은 있는데 참배객은 없다.

· 리필제품은 있는데 리필은 없다.

· 슈퍼세션(로큰롤, 포크 송 계통의 콘서트에서, 일류 연주자와 가수가 협력하여 공연共演하는 것)은 있는데, 세션과 세션맨은 없다.

· 콜택시는 있는데 콜과 콜센터는 없다.

· 빵틀은 있는데 메주틀은 없다.

· 헬스클럽은 있는데 헬스장은 없다.

· 테이블보는 있는데 탁상보는 없다.

· 찬바람과 찬비는 있는데 찬서리는 없다.

· 안주름과 속주름은 있는데 바깥주름은 없다.

· 보디마사지와, 심장마사지, 안구마사지는 있는데 발마사지와 전신마사지는 없다.

· 술배는 있는데 밥배는 없다. 보통 "술배와 밥배는 따로 있다"는 말을 많이 쓴다.

· 꽃으로 장식한 차를 뜻하는 꽃차는 있는데 꽃잎을 달여 만든 꽃차는 없다.

· 기성화는 있는데 수제화는 없다.

· 소독약은 있는데 소독제는 없으며, 해독제는 있는데 해독약은 없다.

· 두붓물은 있는데 콩물은 없다.

· 기능공은 있는데 기능인은 없다.

· 돌조각(-彫刻)과 나무조각(--彫刻)은 있는데 얼음조각(--彫刻)은 없다.

· 나뭇조각은 있는데 돌조각과 얼음조각은 없다.

· 도예는 있는데 도예품은 없다.

· 닭서리는 있는데 콩서리와 수박서리는 없다.

· 술내, 숯내, 땀내는 있는데 발내 혹은 발냄새는 없다.

· 오리털과 토끼털은 있는데 닭털은 없다.

· 수납공간은 있는데 수납장은 없다.

· 수료증은 있는데 이수증은 없다.

· 검색창은 있는데 검색대는 없다.

· 문학도와 법학도는 있는데 철학도는 없다.

· 노코멘트는 있는데 코멘트는 없다.

· 학술용어사전은 있는데 학술용어는 없다.

· 해단식은 있는데 창단식은 없다.

· 앞차기와 옆차기는 있는데 돌려차기는 없다.

· 남성성여성성검사는 있는데 남성성과 여성성은 없다.

· 옥외광고물은 있는데 광고물은 없다.

· 골수팬은 있는데 광팬은 없다.

· 친밀감은 있는데 친밀도는 없다.

· 관광버스는 있는데 전세버스는 없다

· 팝업메뉴는 있는데 팝업창은 없다.

· 랩과 랩뮤직은 있는데 래퍼는 없으며, 록과 로큰롤은 있는데 로커는 없다.

· 빅게임, 빅뉴스, 빅밴드는 있는데 빅딜은 없다.

· 로드게임과 로드쇼는 있는데 로드맵은 없다.

· 리턴매치는 있는데 재도전은 없다.

· 초호화판은 있는데 초호화는 없다.

· 아이섀도는 있는데 눈화장은 없다.

· 골프장, 골프채, 골프공은 있는데 하키장, 하키채, 하키공은 없다.

· 보관함은 있는데 보관대는 없다.

· 입학원서는 있는데 가입원서와 입회원서는 없다.

· 지상파방송은 있는데 공중파방송은 없다.

· 수입상은 있는데 판매상은 없다.

· 계산서는 있는데 정산서는 없다.

· 중량감은 있는데 무게감은 없다.

· 옷상자는 있는데 과일상자는 없다.

· 답변서는 있는데 질의서는 없다.

· 비슷한말은 있는데 같은말은 없다.

· 커튼콜은 있는데 러브콜은 없다.

· 비닐장갑은 있는데 가죽장갑은 없다.

· 주연배우와 단역배우는 있는데 조연배우는 없다.

· 백구두와 백포도주는 있는데 백장미와 흑장미는 없다.

· 배꼽티와 탱크톱은 있는데 면티와 목티는 없다.

· 미시족(missy族)은 있는데 미시는 없다.

· 로스구이(←roast--)는 있는데 장작구이와 숯불구이는 없다.

· 베이비골프, 베이비서클, 베이비세트, 베이비오일, 베이비핑크, 베이비파우더는 있는데 베이비붐과 베이비부머는 없다.

· 뭍살이는 있는데 섬살이, 시골살이는 없다.

· 잣가루는 있는데 김가루는 없다.

· 갈낙전골은 있는데 불낙전골은 없다.

· 밥맛, 술맛, 물맛은 있는데 차맛은 없다.

· 돈가스는 있는데 생선가스는 없다.

· 사례금은 있는데 사례비는 없다.

· 국내산은 있는데 수입산은 없다.

· 오프닝은 있는데 엔딩은 없다.

· 현실계(現實界)는 있는데 상상계(想像界)는 없다.

· 의문사(疑問詞)는 있는데 의문사(疑問死)는 없다.

· 스낵바와 코인스낵은 있는데 스낵코너는 없다.

· 리더십과 쇼맨십은 있는데 스포츠맨십은 없다.

· 마스터키는 있는데 비상키와 만능키는 없다.

· 데커레이션케이크는 있는데 데커레이션은 없다.

· 중산간도로는 있는데 중산간은 없다.

· 산책로는 있는데 산책길은 없다.

· 기록자와 작성자는 있는데 조사자와 보고자는 없다.

· 발레리나는 있는데 발레리노는 없다.

· 퇴학생은 있는데 자퇴생은 없다.

· 데뷔작은 있는데 데뷔곡은 없다.

· 샤워기는 있는데 샤워장과 샤워실은 없다.

· 고무파이프, 금연파이프, 마도로스파이프는 있는데 쇠파이프와 동파이프
는 없다.

· 스릴러물은 있는데 공포물은 없다.

· 희곡집, 동화집, 수필집은 있는데 소설집, 동시집, 산문집은 없다.

　　너무 많아서 이 정도로 하고 그래도 『표준국어대사전』에 빠진 낱
말들을 따로 정리했다. 이 낱말들을 모두 표제어로 올려야 하느냐에
대해서는 사람마다 생각이 다를 수 있을 것이며, 오로지 내 판단에 따
른 선별임을 밝혀 둔다.

풀뿌리, 늪배, 매미옷, 거지별(초저녁에 뜨는 금성), 똥볼, 뗏기름, 뗏구정물, 자랑질, 야동, 풍물시장, 생중계, 승부사, 철삿줄, 정신줄, 명망성, 물풍선, 여우짓, 찜닭, 이용실, 새신, 새옷, 헌옷, 잠바때기, 백판(불법복사판), 편력기, 코다리(명태의 한 종류), 쟁반자장, 지원책, 꽁지머리, 필참, 꽃사지, 탈주극, 구도심(舊都心), 부도심(副都心), 낱말카드, 카드론, 앞가방, 옆가방, 반강제, 쪽수, 돼지껍데기, 방석집, 닭강정, 껌값, 집밥, 장지갑, 물대포, 생땅콩, 기름값, 유고작, 평형수, 배치기, 문사철(文史哲), 헛지랄, 짠내, 쩐내, 새얼굴, 보이차, 김말이, 낱말풀이, 꽃값(결혼식에서, 신부의 들러리나 수고한 신부 측 친구들에게 사례비로 주는 돈), 두부김치, 한타, 영타, 기간제, 계약제, 뽑기, 눈물바람, 몸정, 떼부자, 딱풀, 참관록, 임명직, 선출직, 진정성, 수월성, 발가락양말, 여론몰이, 물감통, 쾌변(快便), 생선살, 생선뼈, 고깃살, 가브리살, 기획사, 목심(소나 돼지의 목 부위에 붙은 살), 원로급, 앞접시, 닭꼬치, 소속사, 돌려막기, 쇠말뚝, 창녀촌, 묵은지, 인공기, 반짝이, 펼침막, 화장솜, 홍게, 묵밥, 화랑가, 수선소, 수선실, 수리점, 황금알, 작목반, 건배사, 산복도로, 용변기, 이사철, 일주도로, 차밭, 혼구멍, 반토막, 잠수사, 직업군, 수거함, 재발급, 보건증, 황토집, 양념통닭, 보양식, 최강자, 상황극, 인기곡, 개성미, 돌담길, 짜맞추다, 사원증, 최근작, 날궂이, 채증, 맞춤복, 콧수건, 서각(書刻), 둥두렷하다, 후속편, 후속작, 후속타, 평가표, 관람평, 보험사, 피순대, 제화점, 의류점, 돌반지, 배급사, 초기작, 후기작, 충전소, 성장판, 식재료, 응시생, 비상임, 상근자, 연령대, 칫솔모, 반찬통, 난타전, 종합판, 식감(食感), 땡중, 또라이, 무개념, 완등(完登), 녹취록, 발기력, 어학원, 유학원, 진기록, 왕사탕, 막대사탕, 대회전(大會戰), 성인극, 성인물, 애정극, 애정물, 치정극, 전속사, 발제문, 신인상, 평가단, 점수표, 점수판, 특별실, 쌍화차, 분양권, 행운권, 시공사, 이면도로, 쌍란, 왕란.

싱크탱크, 레토릭, 프라모델, 커넥션, 선캡, 루게릭병, 캔커피, 챔피언십, 루키, 킹콩, 팝페라, 퍼포먼스, 도미토리, 싱크홀, 커피믹스, 멘토, 멘티, 멘토링, 거버넌스, 트렌드, 드라이기, 바리스타, 뮤지션, 코스프레, 코사지, 베팅, 포토라인, 포토존, 유저, 언론플레이, 웹툰, 테이크아웃, 임플란트, 카레이스, 라운드걸, 라운딩, 유에스비, 리모델링, 레고, 핫팩, 해피엔딩, 라커룸, 웰빙, 크로스오버, 쇼트타임, 좀비(zombie), 파파라치, 커팅, 포스트잇, 게스트하우스, 게임머니, 퀵서비스, 모바일, 스노비즘, 로펌, 로고송, 커플링(couple ring), 러닝화, 마인드컨트롤, 샥스핀, 테러범, 아이돌, 보톡스, 마에스트로, 멜로물, 훌리건, 웨딩홀.

• 뜻풀이에는 있으나 표제어에는 없는 낱말

(낱말들의 뜻풀이 중 너무 길거나 관계없는 내용은 일부 생략했다.)

일상군악(日上郡樂): 신라 때에, 일상군 지방에서 유행하던 노래. 내지(內知)라고도 하는데, 백실(白實)·덕사내(德思內)·석남사내(石南思內)·사중(祀中)과 더불어 오늘날 풍물놀이의 시초로 본다.

→ 내지(內知)라는 낱말이 없다.

그룹(←〈히브리어〉kʼrūb): 「1」 아담과 하와가 낙원에서 추방된 후, 낙원의 문과 생명나무를 경호한 천사. 「2」 하나님의 보좌를 지키는 천사. 계약의 궤 위에 있는 속죄소의 양 끝에 순금으로 된 천사의 형상으로 새겨져 있다.

→ 속죄소라는 낱말이 없다. 속죄소는 뜻풀이에 나오는 '계약의 궤'를 덮은 뚜껑을 말한다.

만성복막염(慢性腹膜炎): 복막에 생긴 만성적인 염증. 주로 결핵, 암 따위에서 나타나고 간경화 말기에도 나타난다.

→ 간경화라는 낱말이 없다.

양간(羊肝): 양의 간. 한방에서 간장병의 약으로 쓴다.

→ 간장병이라는 낱말이 없다.

프라이드치킨(fried chicken): 닭고기에 밀가루, 양겨자 가루, 소금, 후추 따위를 묻혀 기름에 튀긴 요리. '닭고기튀김'으로 순화.

→ 양겨자라는 낱말이 없다.

유통(乳筩): 소, 돼지 따위의 젖퉁이의 고기. 소의 경우에는 찰유통, 메유통의 구별이 있다.

→ 찰유통과 메유통이라는 낱말이 없다.

설하멱(雪下覓): 등심을 넓고 길게 저며 꼬치에 꿰어 파, 다진 생강, 후춧가루 따위를 넣은 기름장을 발라 숯불에 구운 음식.

→ 기름장이라는 낱말이 없다. 대신 '기름간장'이라는 낱말이 표제어에 있는데, 뜻풀이가 '기름을 친 양념장'이라고 되어 있다. '설하멱'의 뜻풀이에 나오는 '기름장'은 여러 양념을 섞었다고 했으므로 '기름간장'을 잘못 표기한 듯하다. 그냥 기름에 소금만(경우에 따라 후추를 뿌리기도 한다) 섞은 '기름장'이라는 낱말을 따로 표제어로 올려야 한다.

환전소(換錢所): 돈을 외국 돈이나 소액권 또는 동전 따위로 바꾸어 주는 곳.

→ 소액권이라는 낱말이 없다.

개: 꿀벌이 그 유충을 기르거나 꽃꿀, 꽃가루 따위를 저장하기 위하여 만든 벌집. 배마디에 있는 납선에서 밀을 분비해서 짓는다.

→ 납선이라는 낱말이 없다.

보리멸: 보리멸과의 바닷물고기. 내만성(內灣性) 어종으로, 해안 근처 모랫바닥에 사는데 한국, 중국, 인도 등지에 분포한다.

→ 내만성(內灣性)이라는 낱말이 없다.

책거리(冊--): 책이나 벼루, 먹, 붓, 붓꽂이, 두루마리꽂이 따위의 문방구류를 그린 그림.

→ 두루마리꽂이라는 낱말이 없다.

사교육비(私敎育費): 공교육비 이외에 학부모가 학교 교육을 위하여 자의에 따라 추가로 지출하는 경비. 교재비, 부교재비, 학용품비, 과외비 따위가 있다.

→ 교재비는 있는데 부교재비, 학용품비, 과외비라는 낱말이 없다.

난정첩(蘭亭帖): 중국 진(晉)나라의 왕희지가 쓴 법첩(法帖). 〈난정집서〉를 짓고 잠견지(蠶繭紙)에 쥐의 수염으로 만든 붓으로 썼다. 행서를 배우는 본보기가 된다.

→ 잠견지라는 낱말이 없다.

중기상학(中氣象學): 중간 규모의 기상 현상을 연구하는 학문. 기상학의 한 분야이다. 주로 토네이도, 뇌우, 집중 호우, 전선의 다중 구조, 불연속면, 스콜선(squall線) 따위의 구조를 분석하고 설명한다.

→ 스콜선이라는 낱말이 없다.

수정(水晶): 무색투명한 석영의 하나. 육방주상(六方柱狀)의 결정체이며, 주성분은 이산화규소이다.

→ 육방주상이라는 낱말이 없다.

간균(杆菌): 막대 모양으로 생긴 분열균. 결핵균, 대장균, 디프테리아균, 백일해균, 페스트균 따위가 있다.

→ 분열균이라는 낱말이 없다.

비닐(vinyl): 비닐 수지나 비닐 섬유를 이용하여 만든 제품을 통틀어 이르는 말. 내수성, 기밀성(氣密性), 가소성 따위를 이용하여 유리, 옷감, 가죽 따위의 대용품으로 쓴다.

→ 기밀성이라는 낱말이 없다.

고좌식모노레일(跨座式monorail): 콘크리트의 주행량(走行樑) 위에 차량이 걸터앉듯이 얹혀서 달리는 방식의 모노레일.

→ 주행량이라는 낱말이 없다.

애스터리스크(asterisk): 문장에서, 참조·생략·비문법성 따위를 나타낼 때 쓰는 부호의 하나. 곧 '*'표를 이른다.

→ '비문법성' 혹은 '비문법'이라는 낱말이 없다. 그런데 이 말이 '애스터리스크'의 우리말 표현인 '별표'의 뜻풀이에도 '참조, 생략, 비문법성 따위를 나타내는 표'와 같이 반복해서 나타난다. 외래어보다 외국어에 가까운 이런 말이 표제어에 실려야 하는 이유도 모르겠다.

칵테일(cocktail): 위스키, 브랜디, 진 따위의 독한 양주를 적당히 섞은 후 감미료나 방향료(芳香料), 과즙 따위를 얼음과 함께 혼합한 술.

→ 방향료라는 낱말이 없다. 참고로, '과즙' 항목을 찾으면 '과일즙'으로 순화하라고 해놓았다. 그렇다면 처음부터 뜻풀이에 '과즙' 대신 '과일즙'을 썼어야 한다.

수코타이파(Sukhothai派): 타이의 수코타이 왕조 때에 청동불 중심의 불교 미술을 발전시켰던 유파.

→ 청동불이라는 낱말이 없다.

메갈로폴리스(megalopolis): 몇 개의 거대 도시가 연속하여 다핵적 구조를 가지는 띠 모양의 도시 지대.

→ 다핵적이라는 낱말이 없다.

클라인(Kline, Franz Joseph): 미국의 화가(1910~1962). 흰 바탕에 굵고 검은 묘선(描線)을 살린 추상 표현을 개척하였으며, 작품에 〈치프〉 따위가 있다.

→ 묘선이라는 낱말이 없다.

비데(《프랑스어》bidet): 「1」여성용 성기 세척기. 여성병 예방을 목적으로 프랑스에서 개발되었다.

→ 여성병이라는 낱말이 없다.

히말라야고양이(Himalaya---): 고양이 품종의 하나. 페르시아고양이와 샴고양이의 교배종이다.

→ 교배종이라는 낱말이 없다.

스포일러(spoiler): 항공기의 주익(主翼) 위쪽의 가동판(可動版). 항공기의 속도를 떨어뜨려 하강·선회 능률을 높인다.

→ 가동판이라는 낱말이 없다. 그리고 '스포일러'에 '영화의 줄거리나 주요 장면 등을 미리 알려 주어 재미를 떨어뜨림. 또는 그런 사람'이라는 뜻을 추가해야 한다.

근린생활시설(近鄰生活施設): 건축물 용도 분류의 하나. 슈퍼마켓, 대중음식점, 세탁소, 대중탕, 태권도장 따위를 이른다.

→ 태권도장이라는 낱말이 없다.

해변식물(海邊植物): 해변의 모래사장, 해안의 벼랑, 염소지(鹽沼地) 따위에 분포하는 식물.

→ 염소지라는 낱말이 없다.

사무라이본드(《일본어》samurai[侍]bond): 일본 금융 시장에서 외국인이 발행하는 엔화 채권.

→ 엔화라는 말은 표제어에 없으나, 아래처럼 예문에도 등장한다. 달러화와 원화는 표제어에 있고, 위안화는 신어자료집에 있으며, 유로화, 프랑화, 마르크화는 아예 없다.

* 일본 엔화에 대한 미 달러 시세가 전후 최저를 기록하였다. (표제어: 최저1)

은월부(銀鉞斧): 의장(儀仗)의 하나. 은칠을 한 나무 도끼에 붉은 창대를 꿰었다.

→ 은칠이라는 낱말이 없다.

당고(堂鼓/唐鼓): 중국의 현대극, 주로 무극(武劇)에 쓰는 큰북. 쇠로 만들며 매달아 놓고 위로 쳐 울린다.

→ 무극이라는 낱말이 없다.

완하제(緩下劑): 묽은 반고형(半固形)의 똥을 배출하게 하는 설사약.

→ 반고형이라는 낱말이 없다.

페이스트(paste): 「2」 납땜에 쓰는 연고상(軟膏狀) 물질. 땜납과 재료와의 접착을 촉진하고 보호한다.

→ 연고상이라는 낱말이 없다.

그레이트슬레이브호(Great Slave湖): 캐나다 서북부에 있는 큰 빙하호. 매켄지 강을 통하여 북극해로 흘러 들어가며, 부근은 늪지, 습지, 대산림 지대이다.

→ 늪지와 대산림이라는 낱말이 없다.

곤충바이러스(昆蟲virus): 곤충 속에 들어가 곤충의 영양분을 빨아 먹으며 사는 바이러스. 누에의 다각체병(多角體病) 바이러스가 이에 속한다.

→ 다각체병이라는 낱말이 없다.

핵다각체병(核多角體病): 누에의 세포핵 안에 바이러스의 집인 다각체가 생기는 병.

→ 다각체라는 낱말이 없다.

파스(←〈독일어〉 Pasta): 타박상, 근육통, 신경통 따위에 쓰이는 소염 진통제. 제형(劑形)에 따라 첩부제(貼付劑)와 습포제(濕布劑)로 나뉜다.

→ 첩부제와 습포제라는 낱말이 없다.

비닐론(vinylon): 폴리비닐 알코올계 합성 섬유의 상품명. 친수성, 흡습성, 보온성이 좋으며, 산·알칼리에 강하고, 무명에 가까운 성질과 감촉이 있다. 나일론보다 다소 떨어지나 내약품성, 내마찰성이 커서 혼방에 적당하다.

→ 폴리비닐과 내마찰성이라는 낱말이 없다.

쿠폰(coupon): 「1」 안내장, 광고지, 카탈로그상에 인쇄되거나 인터넷 쇼핑몰 따위에서 발급되어 하나씩 이용하거나 할인받을 수 있도록 한 우대권 또는 할인권. '이용권', '할인권'으로 순화. 「3」 채권, 공채 증서 따위의 이자권(利子券).

→ 3번 뜻풀이에 나오는 이자권이라는 낱말이 없다. 1번 뜻풀이 중

'카탈로그상에'라는 표현 대신 그냥 '카탈로그에'라고 하는 게 훨씬 깔끔하다.

벨라계획(Vela計劃): 미국 국방부의 지하 핵실험 및 초고공(超高空) 핵폭발 탐지 계획.

→ 초고공이라는 낱말이 없다.

고어(Gore, Charles): 영국의 성직자(1853~1932). 옥스퍼드 교구(教區)의 주교를 지냈으며, 고교회주의(高教會主義)의 입장에서 전통 신학의 부흥에 힘썼다.

→ 고교회주의라는 낱말이 없다.

바순(bassoon): 오보에보다 두 옥타브 낮은 목관 악기. 관현악에서 중저음부를 담당하는 중요한 악기로, 이중의 서가 있고 원추관을 둘로 구부린 구조를 가지며, 음역은 약 3 옥타브 반에 미친다.

→ 원추관과 중저음이라는 낱말이 없다. '이중의 서'도 무얼 말하는 건지 알 수가 없다.

시스템플래너(system planner): 대상이 되는 시스템의 목적을 확립하고 개선안의 검토, 데이터의 흐름, 처리 순서나 규칙 따위를 설정하여 시스템 설계를 맡은 사람.

→ 개선안이라는 낱말이 없다.

팽창우주(膨脹宇宙): 우주가 빅뱅에서 시작하여 정지하여 있지 아니하고 팽창을 계속하고 있다는 우주론.

→ 빅뱅이라는 낱말이 없다. 반면 빅뱅설은 표제어에 있다.

위소제(衛所制): 중국 명나라 때에, 징병제와 모병제의 장점을 절충한, 병농 일치의 군사 제도.

→ 모병제라는 낱말이 없다.

병역제도(兵役制度): 병력(兵力)을 채우는 데에 관한 제도. 강제병 제도와 자유병 또는 지원병 제도로 나누며, 강제병 제도는 다시 징병제와 민병제로 나누고, 자유병 제도는 의용병제와 용병제로 나눈다.

→ 강제병과 자유병이라는 낱말이 없다.

임맥(任脈): 기경 팔맥의 하나. 회음(會陰)에서 시작하여 몸 앞쪽의 중심선을 따라 아랫입술 밑의 혈(穴)인 승장(承獎)에 이르는 경락(經絡)이다.

→ 승장이라는 낱말이 없다.

백열수은등(白熱水銀燈): 내부에 한류기의 역할을 겸하는 가열선이 있는 수은등.

→ 가열선이라는 낱말이 없다.

기준백색(基準白色): 다른 색을 지정하기 위해 기준으로 쓰는 흰색. 컬러텔레비전에서 쓰는 것은 6,500도의 색온도를 가진 직접 태양광 또는 천공광의 근삿값이다.

→ 천공광이라는 말이 없다.

안전광(安全光): 사진에서, 암실에서 쓰는 조명광의 하나.

→ 조명광이라는 낱말이 없다.

땡땡이: 「1」 흔들면 땡땡하는 소리가 나게 만든 아이들의 장난감. 자루가 달린 대틀에 종이를 바르고 양쪽에 구슬을 단다.

→ 대틀이라는 낱말이 없다.

판토막(위--): 토막을 몇 개의 평면으로 잘라서 얻는 구조물. 배 밑창 판토막, 뱃전 판토막, 사이벽 판토막, 갑판 판토막 따위가 있다.

→ 사이벽이라는 낱말이 없다.

트레이너(trainer): 「3」 운동선수가 연습복 위에 착용하는 윗도리.

→ 연습복이라는 낱말이 없다.

헤드기어(headgear): 권투·레슬링·아이스하키·미식축구 따위에서, 연습이나 시합 때 머리를 보호하기 위하여 쓰는 보호대나 헬멧.

→ 보호대라는 낱말이 없다.

겟국: 「1」 생게를 넣고 끓인 국.

→ 생게라는 낱말이 없다.

올림픽조직위원회(Olympic組織委員會): 올림픽 대회 개최국의 국내 올림픽 위원회가 국제 올림픽 위원회로부터 개최권을 위임받아 그 준비를 하기 위하여 개최 도시와 협력하여 올림픽 대회를 운영하는 단체.

→ 개최국이라는 낱말이 없다.

동떨어진값: 얻어진 분석값이나 측정값 중에서 특별히 크거나 작은 값. 여러 번 측정하여 얻은 분석값의 통계적 처리를 통해 평균값의 계산에 포함시킬지 여부를 판정한다.

→ 측정값은 있는데 분석값이라는 낱말이 없다.

마들렌문화(Madeleine文化): 서유럽 구석기 시대 말기의 문화. 프랑스의 마들렌 유적을 대표로 하며, 발달된 골각기와 동굴에 그린 암각화와 다채색 벽화가 특징이다. 마들렌 암음(巖陰), 라스코·알타미라 동굴 따위의 유적이 유명하다.

→ 다채색과 암음이라는 낱말이 없다. 암음이 없는 대신 '암음유적(巖陰遺跡)'이 올라 있는데, '그늘 집터'를 찾아가라고 해 놓았다. '그늘 집터'는 '바위가 내밀어져 비바람을 피할 수 있는 곳을 살림터로 쓴 유적. 주로 구석기 시대의 유적에 많이 나타나며 신석기 시대 유적에도 더러 나타난다'라고 풀이해 놓았다.

무구(舞具): 춤을 출 때 사용하는 도구. 흰 수건, 칼, 대모반 따위가 있다.

→ 대모반이라는 낱말이 없다. 표제어 '대모반(玳瑁盤)'이 있긴 한데, 뜻이 '조선 순조 때에 궁중 춤 무산향을 추려고 만든 이동 무대. 침상처럼 생겼고 안에는 대모 무늬로 채색을 하였다'로 되어 있다. 무구

의 뜻풀이에 나오는 대모반과 같은 것인지 다른 것인지 알 길이 없다. '거문고와 향비파의 담괘 안쪽 가운데에 붙인 노란 쇠가죽'을 뜻하는 '대모(玳瑁)'도 표제어에 있지만 그래도 대모반이 무얼 뜻하는지 모르 겠다.

냉각시스템(冷却system): 내연 기관의 과열을 방지하는 시스템. 엔진 통 안에 수로(水路)를 설치하여 냉각하는 수랭(水冷) 방식과 엔진 둘레에 공기를 보내 어 냉각하는 공랭(空冷) 방식이 있다.

→ 공랭은 있는데 수랭이라는 낱말은 없다. 두 낱말의 차이가 뭘까?

서포터(supporter): 「2」등산에서, 수송·취사·경계·연락 따위의 임무를 맡은 지 원대.

→ 지원대라는 낱말이 없다.

더플코트(duffle coat): 모자가 달린, 길이가 짧은 코트. 토글(toggle)이라는 나무 단추를 장식 끈으로 잠가 입는다.

→ 토글이라는 낱말이 없다.

운동량(運動量): 「2」물체의 질량과 속도의 곱으로 나타내는 물리량의 하나. 밖에서 힘이 작용되지 않는 한, 물체 또는 물체가 몇 개 모여서 된, 하나의 물 체계(物體系)가 가지는 운동량의 합은 일정불변하다.

→ 물체계라는 낱말이 없다.

천초만화탕(千草萬花湯): 천 가지 종류의 풀을 먹은 흑염소에다 만 가지 종류의 꽃에서 모은 꿀을 넣고 고아서 만든 즙액(汁液). 민간에서 보신용(補身用)으로 쓰인다.

→ 흑염소라는 낱말이 없다.

이산화탄소(二酸化炭素): 사가(四價) 탄소의 산화물. 탄소가 완전 연소를 할 때 생기는 무색 기체로, 공기보다 1.5배 무거우며, 식물의 탄소 동화 작용을 돕는다.

→ 사가라는 낱말이 없다. 일가(一價: 원자가 하나임)는 표제어에 있는 것으로 보아 사가 말고 이가, 삼가도 있을 텐데 모두 표제어에 없다.

러브(Loeb, Jacques): 독일 태생의 미국의 발생학자(1859~1924). 생명 현상을 물리 화학적으로 설명하려고 시도하였으며, 1894년에 성게의 알을 인공적으로 무수정(無受精) 생식하는 데 성공하였다.

→ 무수정이라는 낱말이 없다.

스피넬(spinel): 알루미늄과 마그네슘의 산화물로 이루어진 광물. 등축 정계에 속하는 팔면체의 결정으로, 열변성(熱變性) 작용을 받은 석회암이나 염기성 또는 초염기성 화성암에 들어 있다.

→ 열변성이라는 낱말이 없다.

클리페(〈독일어〉 Klippe): 데켄 구조를 이룬 지역에서 볼 수 있는 고립된 암체(巖體).

→ 데켄과 암체라는 낱말이 없다.

구조(構造): 「3」 탁상, 섬유상 따위와 같은 광물의 형태.

→ 탁상이라는 낱말이 없다.

성냥: 마찰에 의하여 불을 일으키는 물건. 작은 나뭇개비의 한쪽 끝에 황 따위의 연소성 물질을 입혀 만든다. 황린(黃燐), 적린(赤燐), 무린(無燐) 성냥 따위가 있다.

→ 무린이라는 낱말이 없다.

온성(溫性): 약재의 따뜻한 성질. 몸을 덥게 하여 주고 한사(寒邪)를 없애며 양기를 보한다.

→ 한사라는 낱말이 없다.

맥반석(麥飯石): 누런 흰색을 띠며 거위알 또는 뭉친 보리밥 모양을 한 천연석.

→ 거위알이라는 낱말이 없다.

딱지날개: 딱정벌레류의 겉날개. 날개가 단단하여 속날개와 배를 보호한다.

→ 겉날개와 속날개라는 낱말이 없다.

채편(-便): 장구나 북에서, 채로 치는 오른쪽 얇은 가죽면.

→ 가죽면이라는 낱말이 없다.

기장(機長): 민간 항공기에서 승무원 가운데 최고 책임자. 흔히 정조종사가 기장이 된다.

→ 정조종사라는 낱말이 없고 부조종사라는 낱말은 있다.

속표지(-表紙): 책의 겉표지 다음에 붙이는 얇은 종이로 된 표지. 서적의 제목, 저자명, 발행소명 따위를 적는다.

→ 저자명과 발행소명이라는 낱말이 없다. 뜻풀이를 그냥 '책 제목, 저자, 발행소 따위를 적는다'라고 풀이했으면 깔끔했을 것이다.

연근저냐(蓮根--): 생연근을 강판에 간 다음 굵은체로 걸러서 물을 빼고 밀가루와 소금을 섞어 큼직하게 둥글려 기름에 지진 음식.

→ 생연근이라는 낱말이 없다.

호박꽃: 호박 덩굴에 피는 꽃. 오렌지빛의 큰 통꽃으로 수꽃과 암꽃이 있다.

→ 오렌지빛이라는 낱말이 없다. 오렌지빛 대신 노란색이라고 해도 되지 않았을까?

칠성창(七星瘡): 입천장에 흰 좁쌀알 같은 것이 돋는 증상.

→ 좁쌀알이라는 낱말이 없다. 한 낱말로 인정하기 싫으면 '좁쌀알'로 띄어 써야 한다.

오래:「1」한동네의 몇 집이 한골목이나 한이웃으로 되어 사는 구역 안.

→ 한골목과 한이웃이라는 낱말이 없다.

살치: 소의 갈비 윗머리에 붙은 고기. 찜감, 구잇감, 탕감으로 쓴다.

→ 찜감, 구잇감, 탕감이라는 낱말이 없다. '찜, 구이, 탕 따위의 재료로 쓴다' 정도로 풀어도 됐을 것이다.

코팅(coating): 물체의 겉면을 수지 따위의 얇은 막으로 입히는 일. 렌즈 겉면에 반사 방지막을 만들거나, 피륙에 방수 또는 내열 가공을 할 때 이용한다. '투명 씌움'으로 순화.

→ 방지막이라는 낱말이 없다.

세팅(setting):「1」주변물과의 미적 관계나 일의 목적 따위를 고려하면서, 사물을 배치하거나 새로 갖추는 일.

→ 주변물이라는 낱말이 없다.

뗑갈: 오동나무의 속을 파서 만든 나팔의 하나. '뚜우' 하는 소리가 나는데 들일을 할 때 신호용으로 쓴다.

→ 신호용이라는 낱말이 없다.

캐럴(carol): 크리스마스에 부르는 성탄 축하곡.

→ 축하곡이라는 낱말이 없다.

명곡집(名曲集): 명곡을 한데 모아 놓은 악보집.

→ 악보집이라는 낱말이 없다.

왕선지(王仙芝): 중국 당나라 말의 황소의 난을 일으킨 주동자(?~878). 소금 밀매상이었다가 수탈과 기근이 심하여지자 반란을 일으켰다.

→ 밀매상이라는 낱말이 없다. 같은 뜻으로 쓰고 있는 밀매업자라는 낱말도 없다.

신라사 연구(新羅史研究): 1933년에 일본의 동양사학자인 이마니시 류(今西龍)가 쓴 논문 모음집.

→ 모음집이라는 낱말이 없다.

준생팔전(遵生八牋): 중국 명나라의 고염(高濂)이 펴낸 책. 도가(道家)와 석가모니의 설(說)을 취한 심신 수양법, 섭생법, 건강법, 음식물, 화초, 약제 처방 따위에 대하여 광범위하게 기술하였으며, 역대 은일자(隱逸者)의 사적(事跡) 따위를 체계적으로 모아서 인생독본과 같은 체제로 편찬하였다.

→ 은일자라는 낱말이 없다.

해론가(奚論歌): 신라 진평왕 때의 장송가.

→ 장송가라는 낱말이 없다.

강장하다(講章--): 조선 시대에, 전강(殿講)을 할 때에 응시생이 지정한 경서(經書)의 한 장(章)을 외다.

→ 응시생이라는 낱말이 없다.

임펄스전류(impulse轉流): 사이리스터 인버터 따위에서 통전 사이리스터의 전류(電流)를 회로의 다른 분기로 전류(轉流)하는 경우에 엘시(LC) 공진을 이용하여 임펄스상의 역전압을 발생시키고, 이것을 통전 사이리스터에 인가하여 차단시키는 것.

→ 역전압이라는 낱말이 없다. 이 낱말은 '출력삼극소자(出力三極素子)', '역전류(逆電流)' 같은 낱말의 뜻풀이에도 나온다. 아무리 전문어라고는 하지만 뜻풀이가 너무 어렵다.

양파정류(兩波整流): 정류관을 조합하여, 교류의 반주기마다 연결 방식을 바꾸게 하여 양 반주기의 전류를 일정한 방향으로 흐르도록 하는 방법이다. 반파정류의 두 배의 주파수 맥수(脈數)를 얻을 수 있다.

→ 맥수라는 낱말이 없다.

노래방(--房): 방음이 된 방에서 가사가 화면에 나타나는 음악 반주기에 맞추어 노래를 부르도록 장치를 해 놓은 곳.

→ 반주기라는 낱말이 없다.

칼리타이프(kalitype): 이옥살산이철과 은염(銀鹽)을 감광제로 한 인화지와 붕사, 로셸염으로 된 현상액을 쓴 초기의 사진술.

→ 은염이라는 낱말이 없다.

현상핵(現像核): 은염 감광제 속에 생긴 적은 중성 은원자의 집합체.

→ 은원자라는 낱말이 없다. 은염이라는 말과 연결지어 생각할 때 아마도 은원자(銀原子), 즉 은의 원자를 뜻하는 말인 듯하다. 그렇다면 최소한 한자라도 밝혔어야 한다.

베하임(Behaim, Martin): 독일의 항해가·지리학자(?1436~1507).

→ 항해가라는 낱말이 없다. 항해가라는 말은 표제어 인명 뜻풀이에 10번 이상 등장한다.

셸(shell): 「2」 유닉스(UNIX) 운영 체제의 명령어 해석기 이름.

→ 유닉스와 해석기라는 낱말이 없다. 미분해석기(微分解析機), 조화해석기(調和解析器)라는 낱말은 있다.

불바르극(〈프랑스어〉 boulevard劇): 프랑스의 번화가인 그랑 불바르의 극장에서 공연하던 연극. 스타급의 배우를 기용하여 밝고 즐거운 오락극을 많이 공연하였는데, 이로 인하여 상업적인 연극을 이르는 의미를 갖게 되었다.

→ 오락극이라는 말이 없다. 반면 풍자극은 있다.

멜로-드라마(melodrama): 「2」 사건의 변화가 심하고 통속적인 흥미와 선정성이 있는 대중극.

→ 대중극이라는 말이 없다.

선축(先蹴): 축구 따위에서, 경기를 시작할 때 공격권을 얻은 팀이 공을 먼저 차는 일.

→ 공격권이라는 낱말이 없다. 서브권이라는 낱말은 있다.

구장복(九章服): 조선 시대에, 구장(九章)을 수놓은 임금의 대례복. 왕위에 오를 때, 종묘 제례, 정초의 하례식, 비(妃)를 맞을 때 등의 의식에 입었다.

→ 하례식이라는 낱말이 없다. 요즘에도 '신년 하례식' 같은 표현을 많이 쓴다.

• 예문에는 있으나 표제어에는 없는 낱말

설밑 대목을 맞아 백화점에서는 제수용품 판매가 한창이다. (표제어: 설밑)
→ 제수용품이라는 낱말이 없다.

첨단 장비를 이용해 신종 사기도박을 벌여 온 전문 도박단이 경찰에 적발됐다. (표제어: 사기도박)
→ 도박단이라는 낱말이 없다.

그 가수는 자신의 대표곡을 독창하였다. (표제어: 독창하다)
→ 대표곡이라는 낱말이 없다.

굴건을 쓰고, 거친 삼베로 재최복을 입은 그는…윈새끼로 동아줄같이 꼰 삼노로 수질을 만들어 머리에 두르고 요질을 만들어 허리에 두른 채…. 출처: 《최명희, 혼불》 (표제어: 삼노)
→ 재최복, 수질, 요질이라는 낱말이 없다. 사전에는 '재최(齊衰)'라는 표제어를 싣고 '오복(五服)의 하나. 조금 굵은 생베로 짓되 아래 가를 좁게 접어서 꿰맨 상복이다. 부모상에는 삼 년, 조부모 상에는 일 년, 증조부모 상에는 다섯 달, 고조부모 상에는 석 달을 입고, 처상(妻喪)에는 일 년을 입는다'라고 풀이하고 있다. 뜻풀이에 재최복이 들어

간 낱말로 '재최삼월(齊衰三月), 재최오월(齊衰伍月), 재최장기(齊衰杖朞), 재최부장기(齊衰不杖朞), 재최친(齊衰親), 재최삼년(齊衰三年)이 있다. 이렇게 어렵고 평상시에 잘 쓰지도 않는 말을 사전에 올려두어야 하는지 모르겠다.

요즘 학원비나 과외비와 같은 사교육비가 기하급수로 불어나고 있다. (표제어: 기하급수)

→ 학원비와 과외비라는 낱말이 없다.

나는 코듀로이 바지를 입고, 양모로 짠 터틀넥을 양가죽 사파리 속에 받쳐 입었다. (표제어: 코듀로이)

→ 옷의 한 종류를 가리키는 뜻으로 쓰는 사파리라는 말은 없으며, 대신 사파리룩(safari look 아프리카 맹수 사냥꾼의 복장을 모방한 의상. 상의는 벨트를 매는 긴 재킷이며, 셔츠 칼라·패치 포켓 따위의 활동적인 디자인이 특징이다)이 있다. 실생활에서는 사파리룩보다 사파리를 더 많이 쓰므로 사파리도 표제어로 올리는 게 옳다.

어린 학생들이 국악대의 취주에 맞추어 국가를 불렀다. 출처: 이원규, 훈장과 굴레 (표제어: 국가02)

→ 국악대라는 낱말이 없다.

결혼 예식을 필하기가 바쁘게 신랑 신부는 서로 팔을 끼고 웨딩마치에 발걸음도 가볍게 걸어 나가게 마련이다. 출처:《박종홍, 새날의 지성》(표제어: 필하다)

→ 웨딩마치라는 낱말이 없다.

윤호네 집 삼 층 다락방에서는 방죽가에 다닥다닥 붙어 있는 무허가 건물들이 보였다. 출처:《조세희, 우주여행》(표제어: 무허가)

→ 방죽가라는 낱말이 없다.

장군은 다시 가덕 매봉 봉홧둑과 김해 금단 곶이 봉홧둑으로 탐망꾼을 보내서 적의 동정을 알아본다. 출처:《박종화, 임진왜란》(표제어: 곶이)

→ 탐망꾼이라는 낱말이 없다.

그가 은근히 쑤어 보내는 잣죽과 속미음이 모래알 같은 절밥을 먹던 입에 달고 미끄러운 것은 말할 것도 없다. 출처:《현진건, 무영탑》(표제어: 잣죽)

→ 절밥이라는 낱말이 없다.

창호의 짠짓빛이 된 맥고자와 걸레 같은 박이두루마기를 보고 한편으로는 실망도 되고 한편으로는 멸시를 하는 기색이다. 출처:《염상섭, 이심》(표제어: 박이두루마기)

→ 짠짓빛이라는 낱말이 없다.

나는 책명도 저자명도 모른 채 책을 찾아야 했다. (표제어: 책명01)

→ 책명은 있는데 왜 저자명은 없을까?

퇴각을 엄호시키기 위해 나이 어린 소년병을 기관총 좌지에다 철사 줄로 묶

어 놓고 떠난 적도 있고…. 출처:《이문열, 영웅시대》(표제어: 좌지)

→ 소년병이라는 낱말이 없다. 소년병의 존재가 실재했으며, 반대 개념인 노병(老兵)이 표제어에 있으므로 그에 대응하는 소년병은 당연히 있어야 한다.

실전 경험이 많은 노병사 (표제어: 경험)

→ 노병사라는 낱말이 없다.

기름값이 갑자기 솟았다. (표제어: 솟다)

→ 기름값이라는 낱말이 없다.

호소카나리아는 영국 원산으로 몸매가 가늘고 초승달 모양의 모습을 가진 우아한 새이다. (표제어: 원산02)

→ 호소카나리아라는 낱말이 없다.

말세론은 거기에 대처할 구세주의 존재로 인해 인간들의 보편적인 낙관론을 보여 주기도 합니다. 출처:《이문열, 황제를 위하여》(표제어: 구세주)

→ 말세론이라는 낱말이 없다.

그룹 회장이 계열사 사장단 회의를 소집하였다. (표제어: 계열사)

→ 사장단이라는 낱말이 없다.

여성지의 경우 예선도 안 거친 수기의 심사료가 통상적으로 십만 원이었다.

출처:《박완서, 복원되지 못한 것들을 위하여》 (표제어: 통상적)

→ 심사료라는 낱말이 없다. 같은 뜻을 지닌 심사비라는 낱말은 신어자료집에 있다. 두 낱말 모두 실생활에서 많이 쓰는 말이므로 표제어로 올려야 한다.

심사 위원단은 후보작 가운데서 수상작을 가려내었다. (표제어: 후보작)

→ 후보작은 있으면서 왜 수상작이라는 낱말은 없는 걸까?

건물주는 건물 전체를 은행에 임대하였다. (표제어: 임대하다)

→ 건물주라는 낱말이 없다.

흉악범은 물론이거니와 신문을 떠들썩하게 하는…억대의 탈세범, 수회한 고급 공무원들이 갇혀 있어야 했고…. 출처:《박완서, 조그만 체험기》 (표제어: 수회하다01)

→ 탈세범이라는 낱말이 없다.

한강 다리를 지나서 대방동을 거쳐 수원으로 가는 도로를 따라 남하해 가는 코스가 그들이 미리 예상해 두었던 탈주로였다. 출처:《최인호, 지구인》 (표제어: 코스)

→ 탈주로라는 낱말이 없다.

스테이지 위에서 가수가 퇴장하고 스포트라이트도 꺼졌다. 출처: 김인배, 방울뱀 (표제어: 퇴장하다)

→ 스테이지라는 낱말이 없다. 스테이지는 없지만 다크스테이지, 방음스테이지, 에이프런스테이지, 스테이지댄스라는 낱말은 표제어에 있다.

상하의가 잘 매치되도록 옷을 입어야 보기 좋다. (표제어: 매치되다)
→ 상하의라는 낱말이 없다.

야습대가 패퇴할 때엔 아지트까지 위협을 받을 염려가 있었기 때문에 이에 대비하여 방어선을 친 것이다. 출처:《이병주, 지리산》(표제어: 방어선)
→ 야습대라는 낱말이 없다.

양총은 화승총보다 대여섯 배나 멀리 나가는 쌍발총으로 누구도 한 마장 거리 안으로 접근할 수 없었다. 출처:《현기영, 변방에 우짖는 새》(표제어: 양총)
→ 쌍발총이라는 낱말이 없다.

손가락 하나 오긋하는 데에도 영식이는 무르녹은 실과의 감즙을 빨듯이 앙그러지고 향기로운 여성미를 맛보고 있던 것이다. 출처:《염상섭, 모란꽃 필 때》(표제어: 앙그러지다)
→ 감즙이라는 낱말이 없다.

이 곡은 비틀스의 히트곡을 리메이크한 것이다. (표제어: 리메이크하다)
→ 히트곡이라는 낱말이 없다.

겨울철에는 다른 계절보다 난방비가 많이 나온다. (표제어: 겨울철)

→ 난방비라는 낱말이 없다.

그는 오랜만에 선발 투수로 나와 완투승을 거두면서 자신감을 찾았다. (표제어: 찾다)

→ 완투승이라는 낱말이 없다. 참고로 완봉승, 구원승이라는 낱말도 없다.

한번은 머리를 두 갈래로 땋고 다니는 학생이 상담실을 찾아왔다고 했다. 심한 곱슬머리이기 때문에 머리 땋고 다니기를 허락받은 아이였다. 출처: 한승원, 땅가시와 보리알 (표제어: 곱슬머리)

→ 상담실이라는 낱말이 없다.

번역서 가운데 원서에 없는 보주를 달아 독자의 이해를 돕는 경우도 있다. (표제어: 보주)

→ 번역서라는 낱말이 없다. 참고로 교양서는 있는데, 역사서와 철학서라는 낱말은 없다.

회장 재신임 투표에서는 반대투표가 많았다. (표제어: 반대투표)

→ 재신임이라는 낱말이 없다.

사고 대책반은 경제적으로 어려운 유가족들에게 장례비를 선지급하는 방안을 검토하고 있다. (표제어: 선지급하다)

→ 대책반이라는 낱말이 없다.

동상을 지나 조금 가니 이번에는 유엔군 전몰 장병의 위령비가 세워져 있다. 출처: 하근찬, 임진강 오리 떼 (표제어: 유엔군)
→ 위령비라는 낱말이 없다.

그 집은 올케와 시누이의 사이가 친자매처럼 좋다. (표제어: 시누이)
→ 친자매라는 낱말이 없다. 반면에 친형제, 친남매, 의형제, 의자매는 표제어에 있다.

보호실에서 이삼일 썩다가 그냥 나왔다. 출처:《황석영, 어둠의 자식들》(표제어: 썩다)
→ 보호실이라는 낱말이 없다.

나는 해고자 명단에 이름이 오르기 직전에 은강 자동차에서 나왔다. 출처:《조세희, 은강 노동 가족의 생계비》(표제어: 명단01)
→ 해고자라는 낱말이 없다. 해직자 역시 없다.

문호를 개방하면서 신문명이 신문물과 함께 물밀듯이 들어왔다. (표제어: 신문명)
→ 신문물이라는 낱말이 없다.

기득권층의 악을 폭로하고 민중의 혁명열을 고취하지 못하는 예술가는 예술가도 아니라는 식이었다. 출처:《이문열, 시대와의 불화》(표제어: 혁명열)

→ 기득권층이라는 낱말이 없다.

검찰은 연행자 중 단순 가담자들과 학생들을 훈방했다. (표제어: 훈방하다)
→ 가담자는 있는데 연행자는 왜 없을까?

상업극은 극장을 중심으로 기획부에서 작품을 정하고 연출을 의뢰하고 배역을 정하는 것이 상례다. (표제어: 기획부)
→ 상업극이라는 낱말이 없다.

이번 기획물은 다른 출판사의 것과 내용 면에서 겹치는 부분이 몇 군데 있다. (표제어: 겹치다)
→ 기획물이라는 낱말이 없다.

이번에 뽑힌 신인 가수는 기획사에 2년간 전속된다. (표제어: 전속되다)
→ 기획사라는 낱말이 없다.

그런 내용은 합의문에 부속적으로 포함하는 것이 좋겠습니다. (표제어: 부속적)
→ 합의문이라는 낱말이 없다.

평가회가 평탄하게 넘어가다. (표제어: 넘어가다)
→ 평가회라는 낱말이 없다.

임대 아파트 입주권을 불법으로 전대한 공무원이 적발되어 처벌을 받았다.

(표제어: 전대하다)

→ 입주권이라는 낱말이 없다.

삼 열 횡대의 봉송 대열은 느린 걸음으로 묘역을 향해 행진하였다. 선두에 명정이 서고 기수단에 이어 군악대가 행진했다. 출처:《이원규, 훈장과 굴레》

(표제어: 군악대)

→ 기수단이라는 낱말이 없다.

제적생 명단을 적기하다. (표제어: 적기하다)

→ 제적생이라는 낱말이 없다.

사관생도들은 임관식이 끝나야 소위 계급장을 달게 된다. (표제어: 계급장)

→ 임관식이라는 낱말이 없다.

바깥 호제 집들의 방방에 모두 불빛이 꺼지고, 먹장 같은 밤의 어둠이 물 밑 바닥보다 더 깊어진 삼경. 출처:《최명희, 혼불》(표제어: 깊어지다)

→ 호제라는 낱말이 없다.

제 5 장

신어(新語)의 문제

사전에서는 '신어(新語)'를 '새로 생긴 말. 또는 새로 귀화한 외래어'라고 풀이하고 있다. 그러면서 비슷한말로 '새말'과 '신조어(新造語)'를 소개해 놓았다. 새로운 말은 언제든 생기기 마련이고, 더구나 요즘처럼 과학기술이 빠르게 발달하는 상황에서는 날마다 새로운 기계나 상품이 나오면서 그에 관련된 말들도 덩달아 생겨난다. 예전에 없던 '엠피스리(MP three)'라든지 '내비게이션' 같은 말들은 이제 낯선 말이 아니라 우리 생활과 밀접한 관련을 맺고 있다.

그런 의미에서 널리 쓰이는 신어를 찾아낸 다음 그에 맞는 정확한 뜻을 풀어서 사전에 올리는 것은 사전 편찬자들이 해야 하는 중요한 일이다. 그런데 이 신어와 관련해서 몇 년 전에 국립국어원이 호된 일을 당했다. 당시 사건을 다룬 신문기사 한 편을 소개한다.

국립국어원이 한글날을 앞두고 출간한 책에 실린 '놈현스럽다' 표현에 대해 청와대가 항의, 책 회수까지 검토하는 소동이 벌어졌다.

11일 국립국어원 등에 따르면 지난 8일 한글날을 앞두고 발행한 '사전에 없는 말 신조어' 63쪽에 실린 '놈현스럽다'에 대해 청와대가 '국가기관 보고서라면 더 신중하게 검토했어야 하는 것이 아니냐'는 골자의 항의를 한 것으로 전해졌다.

'놈현스럽다'는 '기대를 저버리고 실망을 주는 데가 있다'는 뜻으로 노 대통령이 결정한 이라크 파병안이 국회를 통과한 뒤 노 대통령을 비꼰 데서 생긴 말이라고 설명이 돼 있다.

국어원은 청와대측의 항의 전화를 받은 뒤 책의 배포를 맡은 도서출판 태학사에 책의 회수 가능 여부를 묻는 전화를 했으나 태학사측은 "이미 다 찍어 서점에 배포됐다"며 회수 불가능 의사를 밝혔다. 현재 초판 1000부가 출간된 상태다.

'사전에 없는 말 신조어'는 2002~2006년 한국 사회에서 만들어진 3500여 개의 신조어를 정리한 사전이다. '노짱=노무현 대통령을 속되게 이르는 말', '노빠=노무현 대통령과 친밀한 관계에 있는 인사나 노무현 대통령을 적극 지지하는 사람을 속되게 이르는 말' 등 노 대통령과 관련된 몇몇 단어를 소개하고 있다.

- 『경향신문』. 2007. 10. 11.

결국 국립국어원은 '놈현스럽다'라는 항목을 신어에서 빼고 홈페이지에 사과문을 실었다. 그래도 항의가 쏟아지자 몇 차례에 걸쳐 홈페이지에 해명하는 글을 실었다.

저희 국립국어원에서는 매년 신문과 텔레비전 뉴스를 대상으로 처음 등장한 말들을 수집하여 「신어」 자료집을 발간해 왔습니다. 이는 우리 사회에서 처음 사용되는 낱말들을 그때그때 정리해 둠으로써 언어 변화를 연구하기 위한 기초 자료로 활용하기 위함입니다.

- 2007년 10월 12일 공지사항 중에서

신조어 선정 기준에 대해 아직 명확한 기준을 구체적으로 정하지는 않았지만 지금까지 진행되어 온 비체계적인 틀을 탈피하려고 팀을 구성하여 논의 중에 있습니다.

- 2007년 10월 22일 게시판 답변(국어진흥교육팀)

스스로 밝히고 있듯이 신어 수집과 정리에 있어 제대로 된 기준이나 체계를 갖고 있지 못한 데서 일어난 사건인 셈이다. 신어의 발굴과 정리는 꼭 필요한 일이다. 하지만 국립국어원의 어설픈 일 처리가 엉뚱한 논란을 일으키고, 그 이후에는 신어자료집 발간도 하지 않음으로써 사전에 마땅히 올라야 할 낱말들이 제자리를 찾지 못하고 있다. 당시에 국립국어원이 얼마나 엉터리로 신어를 수집하고 정리했는지 알기 위해서 신어자료집에 올라 있는 일부 낱말들을 소개하기로 한다.

개새: 인터넷상에서 크게 인기를 끈, 개와 새를 합성한 사진.

긁어주: 신용 카드와 관련된 업종에 근무하는 사람들이 한 번에 마시는 폭탄주.

금테주: 맥주잔에 어느 정도 맥주를 채운 뒤 맥주잔 위에 휴지 한 장을 놓고 양주를 따라 마시는 폭탄주. 이때 맥주잔에서 떨어진 양주가 맥주와 섞이지 않아 노란 테를 두른 것처럼 보인다.

김치도시락족: 식당의 김치를 먹지 않기 위해 김치를 싸 갖고 다니는 사람들을 이르는 말.

김치볼: 국내 미식축구의 최강자를 가리는 대회를 미국의 '슈퍼볼(Super Bowl)'에 빗대어 이르는 말.

김치우드: 우리나라의 영화계를 미국의 할리우드에 빗대어 이르는 말.

네타티즘: 자기의 잘못을 남의 탓으로 돌리는 태도. 또는 그런 사고방식.

다두화: 일정한 지역의 여러 곳에서 한꺼번에 일어나는 불.

다이어리데이: 1월 14일을 이르는 말. 연인끼리 서로 일기장을 선물하는 날이다.

도시당: 주로 도시를 이롭게 하는 정책과 관련된 주장을 펴는 당.

된장메달: 형편이 어려워 된장만 먹고 딴 메달을 비유적으로 이르는 말.

뒷구정동: 로데오거리가 형성된, 압구정동 이외의 지역을 '압구정동(狎鷗亭洞)'에 상대하여 이르는 말.

디지털남: '디지게(←뒈지게) 멋진 털을 가진 남자'를 줄여 이르는 말.

디찍병: 디지털 카메라로 뭐든지 찍고 싶어 하는 증상.

마초맨: 늠름하고 강한 사내대장부.

마칠인삼: 경마에서, 경기의 승부가 말의 능력 70%와 기수, 조교사 따위의 능력 30%로 결정됨을 이르는 말.

매미눈깔주: 백포도주와 양주를 섞어 만든 술.

사정주(射精酒): 술잔 위를 랩으로 씌우고 랩에 작은 구멍을 낸 뒤 술잔에 충격을 가하여 랩의 작은 구멍으로 술을 치솟게 하여 마시는 폭탄주.

미니갈비집: 일 인분도 주문할 수 있는 갈비집.

바나나똥: 굵기, 색깔 따위가 바나나와 같은 대변. 쾌변(快便)을 의미한다.

뷁: 기분이 좋지 않을 때 내뱉는 소리.

삼게탕: 닭 대신 게를 넣어 삼계탕처럼 만드는 음식.

생떼파업: 생떼를 부리듯이 말도 안 되는 이유로 벌이는 파업을 비유적으로 이르는 말.

싸가지송: 인터넷상에서 플래시 애니메이션 형태로 떠도는 노래의 하나. '싸가지'는 '싹수'의 잘못이다.

쑥스: 방송 자막이나 인터넷상에서, '쑥스럽다'를 줄여 이르는 말.

욘겔계수: 일본에서, 총지출 가운데 영화배우 배용준(裵勇俊)과 관련된 상품의 구매 비용이 차지하는 비율.

우리나라리즘: 한국을 비하하는 내용의 책에서, 한국인들이 스스로 우월하다고 생각함을 비꼬아 이른 말.

워르가슴: 전쟁을 하는 흥분이 최고조에 이른 상태.

이승엽족: 야구에서, 2003년 삼성의 이승엽 선수가 아시아 홈런 신기록을 수립할 가능성이 높아지자 그 순간을 지켜보기 위해 야구장에 몰려든 무리.

일하기싫어병: 직장 생활에 대한 불만으로 직장 일을 소홀히 하는 증세.

추다르크: 추미애(秋美愛) 국회의원을 프랑스의 '잔 다르크(Jeanne d'Arc)'에 비겨 이르는 말.

콘돔주: 콘돔에 담아 빨아 마시는 폭탄주.

트리가슴: 주로 성교 때에, 최고조의 흥분 상태를 세 번 잇달아 겪는 일.

혈관짱: 혈관이 아주 건강한 사람을 속되게 이르는 말.

이 낱말들은 국립국어원이 자료를 제공하고 있는 네이버국어사전 신어 목록에서 지금도 확인할 수 있다. 신어를 정리한 사람이 독특한 취향을 가졌는지는 몰라도 온갖 폭탄주 이름을 전부 갖다 놓았다. 그리고 인터넷 공간에서 잠시 쓰이다 사라질 말들까지 긁어모았다. 그렇다고 해서 모든 말을 모은 것은 아니어서 '뷁'은 있어도 '안습'은 없는 식이다.

또한 아무리 신어라고 해도 뜻은 정확히 풀어야 하는데, 엉터리들이 쉽게 눈에 띈다.

마초맨: 늠름하고 강한 사내대장부.

유학파: 외국에 머물면서 공부하는 사람의 무리.

'마초맨'을 위와 같이 풀어놓은 것은 여성들을 모욕하는 일이다. '마초'는 보통 남성우월주의자를 뜻하며, 정식으로 사전에 올라야 할 말이다. 하지만 마초라는 말이 등장한 지도 무척 오래되었고, 상당히 널리 쓰이는 말인데도 어쩐 일인지 아직 표제어에 등재되지 않고 있다.

'유학파'라는 낱말은 1970년대 신문에도 나오는데, 2004년에야 신어 자료집에 올라왔다. 당연히 표제어로 올라야 하거니와 신어 자료집에 나온 뜻풀이부터 제대로 다듬어야 한다, 외국에서 공부하고 있는 사람들을 뜻하는 게 아니라 '유학을 마치고 돌아온 사람들'이라는 뜻으로 더 많이 쓰는 말이기 때문이다.

올인: 포커에서, 가지고 있던 돈을 한판에 전부 거는 일.

이 말도 마찬가지다. '올인'이 꼭 포커를 할 때만 쓰는 말일까? 어떤 일을 하든 거기에 모든 것을 건다는 뜻으로 더 많이 쓰고 있으므로 그에 맞게 뜻을 보완해서 풀었어야 한다.

다음은 신어자료집에 있는 말들 중에서 지금 당장 사전에 표제어로 올려야 한다고 생각하는 낱말들을 추려본 것들이다. 독자 여러분들의 판단을 구한다.

• 우리말과 한자어로 된 말들

간판급, 감사반, 강온론, 개업일, 개인사, 개인용, 개입설, 개편안, 개표함, 건강보험료, 건축학자, 게시글, 결승포, 결승행, 결제액, 결제자, 결핵성, 겹시름, 경구용, 경기용, 경매꾼, 경비직, 경조비, 경조사비, 경주용, 경질설, 곁요리, 고령사회, 고소득층, 고연령, 고연령층, 고열량, 고영양, 고위험군, 고환암, 공갈젖꼭지, 관치금융, 광속구, 공연단, 공연용, 공인인증서, 공제율, 구원승, 구원왕, 군기반장, 군종병, 권고안, 권언유착, 귀경객, 극장용, 급수대, 기출, 기혼녀, 깍두기(폭력 행위를 일삼는 불량배나 조직 폭력배를 속되게 이르는 말), 나들이용, 낙농가, 낙농인, 낚시글, 남성용, 납작머리, 내연남, 냉각판, 놀이기구, 농활대, 눈암, 단속반, 달고나, 대부업, 도촬, 동승객, 동점타, 마사토, 맹지, 목베개, 몸짱, 방폐장, 배란일, 번역체, 변천사, 보론, 보유세, 보육료, 복구반, 복귀설, 복귀작, 부적응자, 뿅('패드pad'를 속되게 이르는 말), 비폭력, 사업용, 사육사, 사찰음식, 사채업자, 삼보일배, 생각시(나이 어린 궁녀), 생초보, 생활쓰레기, 서점가, 석사모, 선명성, 선수층, 선어회, 선인세, 성인가요, 소비층, 손글씨, 수급자, 수납함, 수록곡, 수매가, 수벽치기(한국의 전통 무예의 하나), 숨비소리(해녀들이 물질을 마치고 물 밖으로 올라와 가쁘게 내쉬는 숨소리), 시중가, 신수(新手), 실업난, 심혈관, 쌈지공원, 암벽장, 야광등, 야광봉, 야광탄, 어정(御井, 임금에게 올릴 물을 긷는 우물), 여행업, 역동성, 역전포, 연결음, 열차표, 영농인, 완치율, 외식업체, 우박흔(과거에 우박이 내린 흔적), 운영권, 운영진, 원청, 월남전, 유기견, 유즙기(乳汁機), 윤락업, 윤락업소, 음원, 음주운전, 의류업, 의리파, 이동권(異動權), 인물난, 인생담, 인지대, 일반실, 잉붕어(잉어와 붕어를 교배하여 만들어 낸 물고기), 자기소개서, 작목, 잔존량, 장식용, 재연배우, 재조(법조계에 몸담음), 저열량, 저출산, 절대선, 절대악, 접이식, 정경유착, 제독실, 제독제, 종합부동산세, 주거래, 주거래통장, 주궁(主宮, 임금이나 왕이 주로 거처하는 궁궐), 주름막(객차의 진동을 줄이기 위하여 객차 사이에 주름을 잡아 연결한 막), 주휴수당, 중개업소, 중매혼, 지구대, 지선버스, 지입제, 지입차, 지필시험, 직업군, 진흙밭, 집창촌, 집하장, 쪽지시험, 천도재, 체력단련실, 촬영지, 최고경영자, 추가시간, 추모곡, 추모사, 추모석, 추모전, 추석맞이, 축하금, 출가자, 출마자, 출연작, 출전료, 탑승료, 탑차, 터파기, 퇴임사, 퇴행성, 특구, 특성화고, 펌, 편집본, 폐염전, 포획량, 폭행범, 핵잠수함, 핵항공모함, 핵항모, 호화품, 후속타, 흙가마.

• 외래어 (우리말과 섞인 복합어 포함)

간선버스, 그라피티(거리낙서), 갈라쇼, 고고장, 골퍼, 공중볼, 내러티브, 내비게이션, 누드화, 뉴라이트, 뉴에이지, 뉴타운, 대포폰, 드럼세탁기, 래퍼, 레시피, 레일바이크, 로스쿨, 롤모델, 리뷰, 립밤, 마트, 만능맨, 뷰파인더, 브런치, 블로거, 비트박스, 새기커트, 서비스맨, 세미누드, 세트장, 셀카, 셰프, 쇼케이스, 슈퍼우먼, 스와핑, 스터디, 스파, 스펙, 심야버스, 아웃도어, 악플, 어젠다, 엑소더스, 엠바고, 오마주, 오에스티, 와이파이, 워터파크, 웰빙, 웹하드, 유비쿼터스, 이슈메이커, 인디밴드, 인터뷰어, 인터뷰이, 자이브, 재즈풍, 저상버스, 정크푸드, 지선버스, 지하드, 짐볼, 추가골, 치킨집, 컬렉터, 콜밴, 태블릿, 택시비, 테크니션, 투잡, 트라우마, 트래픽, 티머니, 티머니카드, 틱장애, 틱증후군, 팀닥터, 파우치, 파트너십, 파티복, 파티장, 팜파탈, 팬미팅, 폰섹스, 폴라, 폴라티, 풀코트, 프로듀싱, 플래시몹, 피싱, 피처링, 필터링, 하이브리드, 할로윈데이, 헤어숍, 히잡.

위 낱말들이 과연 신어자료집 안에서 잠자고 있어야 하는 걸까?

사전에 실리지 못할 이유를 나는 발견하지 못하겠다. 신어를 조사해서 정리했으면 마땅히 그중에서 표제어로 올릴 만한 낱말을 추린 다음 사전에 올리는 후속 작업을 진행했어야 한다. 하지만 낱말들을 모으기만 하고 아무런 대책 없이 그냥 한구석에 던져놓은 셈이 되고 말았다. 더구나 위에 나오는 낱말들 중에는 새롭게 등장한 신어가 아니라 오래전부터 쓰이던 말인데 미처 사전에 싣지 못한 낱말들도 포함되어 있다. 조선 시대부터 쓰던 말이 분명한 '생각시'나 '어정(御井)', '주궁(主宮)', '수벽치기' 같은 말들을 어떻게 신어라고 할 수 있는가.

(X)

(X)

(X)

(X)

(X)

(X)

(X)

(X)

(X)

(X)

(X)

(X)

(X)

제 6 장

차별과 편견을 부추기는
국어사전

우리나라에서도 성소수자들에 대한 편견과 억압, 금기가 조금씩 깨져가고는 있지만 아직도 그들을 대하는 태도는 냉담한 편이다. 그러한 경향이 반영된 탓인지 국어사전 역시 성소수자들과 관련된 용어에 인색하다. 우선 널리 쓰이는 '성소수자'라는 낱말이 없으며, 많이 쓰이는 말 중에 사전에 오르지 못한 것들은 성전환자, 트랜스젠더, 포비아, 커밍아웃, 섹슈얼리티, 아웃팅, 무성애자 같은 낱말들이다.

그리고 생물학적인 의미의 성을 뜻하는 '섹스' 대신 사회적인 의미의 성을 가리키는 '젠더'라는 용어 역시 아직 사전에 오르지 못했다. '젠더(gender)'는 사회학에서 중요한 개념으로 자리 잡은 지 오래이며, '섹스(sex)'보다 대등하고 평등한 남녀 간의 관계를 담고 있는 개념이다.

성소수자들의 언어에 대해 보수적인 입장을 취하고 있는 국립국어원이 2014년 1월에 일부 대학생들의 요구를 받아들여 사랑, 연애, 애정, 연인, 애인의 뜻을 바꾼 것은 매우 의외였다. 뜻풀이에 들어 있던 '남녀' 또는 '이성'이라는 말을 빼고 '어떤 상대', '두 사람' 혹은 '서로'라고 바꾼 것은 시대의 흐름을 반영한 사건(?)이었다. 당시에 새로 바꾼 뜻은 다음의 표와 같다.

	개정 전	개정 후
사랑	이성의 상대에게 끌려 열렬히 좋아하는 마음. 또는 그 마음의 상태	어떤 상대의 매력에 끌려 열렬히 그리워하거나 좋아하는 마음.
연인	서로 사랑하는 관계에 있는 남녀 또는 이성으로서 그리며 사랑하는 사람.	서로 열렬히 사랑하는 관계에 있는 두 사람. 또는 몹시 그리며 사랑하는 사람.
연애	남녀가 서로 애틋하게 그리워하고 사랑함.	연인 관계인 두 사람이 서로 그리워하고 사랑함.
애인	이성 간에 사랑하는 사람.	서로 열렬히 사랑하는 사람.
애정	이성을 간절히 그리워하는 마음.	애인을 간절히 그리워하는 마음.

하지만 2년도 지나지 않아 이들 낱말의 뜻풀이가 본래대로 돌아가고 말았다. 보수 기독교 단체들이 내세운, 새로 바꾼 뜻풀이가 동성애를 부추긴다는 비판에 굴복한 것이다. 이러한 소동을 통해 국립국어원이 독립된 언어관을 갖고 있지 못하다는 사실이 그대로 드러났다. 당연하게도 이러한 처사에 대해 많은 비판이 이어졌다. 그중 일부를 소개한다.

'트랜스젠더(Transgender)', '무성애자('무성애', '에이섹슈얼Asexual' 모두 미등록)', '퀘스처너리(Questionary)'를 포함하여 성적소수자를 모두 일컫는 대표적인 말인 '성소수자'와 성정체성을 표현하는데 사용하는 말인 '성적지향', '성별정체성'은 『표준국어대사전』에 등록되어 있지 않다. 그리고 '간성('인터섹슈얼Intersexual'은 미등록)'은 "암수딴몸이나 암수 딴그루인 생물의 개체에 암수 두 가지 형질이

혼합되어 나타나는 일. 생식 능력이 없으며 발생 중에 성 결정 유전자 작동의 잘못으로 생긴다. 흔히 가축에 있다"고 안내하여 인터섹슈얼을 가축으로 오도하고 있고, '성전환'은 "암수딴몸인 생물에서 암수의 성이 반대의 성으로 바뀌는 현상"이라고만 안내하여 트랜스젠더에 편견을 부추기고 있다.

이처럼 『표준국어대사전』은 섹슈얼리티와 젠더에 대한 인식이 전혀 없는 것처럼 보인다. "바른말 고운말을 쓰자"는 국립국어원이 소수자가 사용하는 언어를 등록하지 않는 것은 문제이다. 국립국어원의 윤리헌장에는 "국민 누구나 자유롭게 소통하는 권리를 누릴 수 있도록 언어에 대한 차별과 소외가 없는 다원적 언어정책 수립에 노력한다"는 구절이 있다. 이 윤리헌장에 맞게 국립국어원은 소수자 언어에도 관심을 기울여야 한다. 『표준국어대사전』에는 '계집애', '미망인', '귀머거리', '절름발이', '벙어리', '검둥이' 등 여성과 장애인, 인종 차별적인 말들은 등록되어 있다. 문제가 있는 단어들도 실생활에서 쓰이고 있다는 이유로 사전에 등록하면서 소수자가 사용하고 소수자를 표현하는 말을 등록하지 않는 것은 공정하지 않다.

– 학기자(동성애자인권연대 웹진기획팀), http://lgbtpride.tistory.com/783에서 인용.

이러한 비판에 대해 국립국어원은 제대로 된 해명을 내놓지 못하고 있다. '국립기관'이라는 한계를 고스란히 드러낸 셈이다. 국어사전이 국어사전다우려면 우리말에 대한 애정과 함께 모든 입장을 떠나 오로지 말의 쓰임새에 집중해야 한다.

『표준국어대사전』은 '노동자'라는 낱말을 꺼린다. 가령 '노동법' 항목의 뜻풀이는 다음과 같다.

노동법(勞動法): 근로자들의 근로관계를 규정하고 근로자들의 생활을 향상하려고 만든 법규를 통틀어 이르는 말. 노동조합 및 노동관계 조정법, 근로 기준법, 노동 위원회법 따위가 있다.

위 뜻풀이에서 왜 '노동자' 대신 '근로자'라는 말을 썼을까? '노동법/근로자'보다는 '노동법/노동자'가 더 어울리는 쌍인데도 말이다. '근로자'와 '노동자'의 뜻풀이는 각각 다음과 같다.

근로자(勤勞者): 근로에 의한 소득으로 생활을 하는 사람.
노동자(勞動者): 「1」노동력을 제공하고 얻은 임금으로 생활을 유지하는 사람. 법 형식상으로는 자본가와 대등한 입장에서 노동 계약을 맺으며, 경제적으로는 생산 수단을 일절 가지는 일 없이 자기의 노동력을 상품으로 삼는다. ≒노공(勞工). 「2」육체노동을 하여 그 임금으로 살아가는 사람. ≒노무자.

'근로자'는 뜻풀이에서 알 수 있듯이 고용 여부와 상관없이 일을 해서 돈을 버는 사람을 가리키며, '노동자'는 명확하게 자본가와 노동 계약을 맺은 사람을 가리킨다. 그리고 노동법은 자본가와 노동자 사이의 관계를 담은 법률이다. 그런데도 노동자 대신 근로자라는 말을 쓴 건 정부의 공식 입장 때문일 터이다. 세계의 노동자들이 기념하는 매년 5월 1일의 '메이데이'를 정부에서 '노동절' 대신 '근로자의 날'이라고 이름 붙였기에, 그러한 입장을 의식한 처사라는 얘기다. 하지만 낱말의 뜻을 푸는 데 있어 정부나 자본가의 의중을 따라야 한다면 그것은 사전 편찬자의 자격을 스스로 버리는 행위나 마찬가지다. '노동법'뿐만 아니라 '임금'도 노동자 대신 근로자를 넣어서 풀었는데, 노동자로 바꿔서 다시 뜻을 풀어야 한다.

임금(賃金):「1」근로자가 노동의 대가로 사용자에게 받는 보수. 급료, 봉급, 수당, 상여금 따위가 있으며 현물 급여도 포함된다. '품02', '품삯'으로 순화.

남녀 차별을 부추기는 국어사전

• 독신녀와 독신남

'독신녀'는 표제어로 올라 있으나 상대 개념을 이루는 '독신남'이라는 말은 없다. 사전도 남녀 차별을 하는 걸까? 설마 하는 생각을 하면서도 『표준국어대사전』이 여러 면에서 보수적인 가치관을 담고 있다보니 그럴 수도 있겠다는 데까지 생각이 미친다. 그렇지 않다면 '독신남'을 표제어에서 빼야 할 아무런 이유가 없다.

유부남, 유부녀와 이혼녀, 이혼남은 모두 표제어로 등재되어 있지만 기혼녀는 신어자료집에 있고 기혼남은 아예 없다. 그리고 미혼녀와 미혼남은 둘 다 신어자료집에만 있다. 그런데 뜻풀이가 마음에 들지 않는다.

미혼녀: 〈신어〉 [같은 말] 처녀(處女).

미혼남(未婚男): 〈신어〉 [같은 말] 총각(總角).

처녀는 '결혼하지 아니한 성년 여자'와 '남자와 성적 관계가 한 번도 없는 여자'의 두 가지 뜻을 지니고 있다. 총각 역시 마찬가지다. 그런데 위와 같이 미혼녀와 미혼남이 처녀와 총각을 가리킨다고만 해놓으면 두 가지 뜻을 함께 지니는 것으로 혼동할 수 있다. 그냥 결혼하지 않은 성인 여자, 성인 남자라고 하면 쉽게 해결될 문제다. 그게 귀찮아서 처녀, 총각과 동의어라고 해 놓았다면 아무리 신어자료집이라고 해도 무성의한 일이다.

한편 '미가녀(未嫁女)'라는 특이한 낱말이 표제어에 있는데, '시집 안 간 여자'라는 풀이가 달려 있다. 출처나 용례가 제시되어 있지 않아 언제부터 쓰이던 말인지 모르겠으나, 그에 상대되는 '미가남'이라는 말이 없음은 물론이다. 대신 '미장가(未--)'라는 말이 '아직 장가를 들지 않음'이라는 풀이와 함께 올라 있다.

• 내연남과 내연녀

표제어에는 없지만 신어자료집에 내연남은 있고 내연녀는 없다. 두 낱말은 쌍을 이루어 쓰이는 게 보통인데 한쪽만 싣고 나머지 한쪽은 싣지 않은 게 이상하다. 옛 신문기사들을 살펴보면 '내연남'과 '내연녀'라는 말은 1990년대 후반에야 나타나며, 그전에는 주로 '내연남편', '내연여자' 같은 말들이 쓰였다. 그러므로 내연남을 뒤늦게 신어로 등록한 것은 그럴 수 있다고 치지만, 이제는 폭넓게 쓰이는 말이므로 정식으로 표제어 인정을 하는 게 옳다고 본다. 요즘은 '상간남'과 '상간녀'라는 말도 널리 쓰이고 있으나 아직 사전에 오르지는 않았다.

• 학생과 교사를 지칭하는 말

사전에 여중생, 여고생, 여대생은 표제어로 등재되어 있다. 하지만 상대어인 남중생, 남고생, 남대생은 없다. 당연한 예상대로 여중, 여고, 여대는 있고 남중, 남고, 남대는 없다. 여교장은 있고 남교장은 없다는 데까지 이르면 심하다는 생각을 지울 수 없다. 요즘은 여자들도 관리직에 진출하는 경우가 많으므로 군이 여교장, 남교장을 나눌 필요가 없으며, 굳이 나눠서 부르고자 한다면 남교장도 표제어로 올려야 한다. 여사장은 표제어에 있는데 남사장이 없는 건 애교로 봐준다고 치자. 그런데 여선생, 남선생, 여교사는 있는데 남교사만 없는 건 이유를 알 길이 없다.

이 밖에 남자와 짝을 이루지 못하는 낱말은 여의사, 여기사, 여기자, 여간첩, 여전사, 여차장, 여경, 여승무원, 여점원 등이 있다. 이들 낱말이 가리키는 직업군의 여자가 남자에 비해 숫자가 적다는 희소성 등으로 인해 그동안 특별한(?) 낱말로 취급받아온 배경을 완전히 무시할 수는 없다. 하지만 이제 시대가 바뀌었다는 걸 감안한다면 이런 낱말들은 사전에서 빼고 남녀를 통칭하는 직업명으로 통일시키는 게 바람직하다고 생각한다.

제 7 장

어설픈 백과사전 흉내 내기

: 전문어를 사랑하는 국어사전

국어사전에는 보통명사나 추상명사뿐만 아니라 인명, 지명, 작품명 등의 고유명사도 함께 실려 있다. 국어사전이라 할지라도 이러한 고유어들을 싣지 말라는 법은 없고, 사전 이용자들의 편의를 위해서도 필요한 일이기는 하다. 하지만 정도가 지나쳐서 이게 과연 국어사전이 맞나 싶을 정도라면 문제가 달라진다. 국어사전에 실리는 고유명사들은 고등학교 교육을 받은 사람이 들어본 정도의 어휘만 실어도 충분하지 않을까? 하지만 국어사전을 펼치면 그 방면의 전문가들조차도 낯설 법한 항목들이 수두룩하다. 요즘은 인명사전은 물론이려니와 경제학용어사전, 컴퓨터용어사전 등 웬만하면 각 분야별로 전문사전이 따로 있다. 그러므로 국어사전은 최소한의 역할에 그치는 게 좋겠다. 국어사전은 국어사전이지 결코 백과사전이 아니기 때문이다. 어설프게 백과사전을 흉내 내려고 하기보다 그 힘을 국어사전의 본래 기능을 되살리는 데 써야 한다.

국어사전은 '일반어'를 효율적으로 찾아볼 수 있도록 배려하는 것이 최우선 과제이다. 그러나 일반어를 찾아 수록하는 데 힘쓰지 않고 '-의 잘못'이라는 식의 뜻풀이를 단 방언 올림말이나 전문어와 고유 명사를 밀어 넣어 항목을 늘리고 분량만을 키웠다. 일반어를 어떻게 많이 싣는가라는 본질적 문제는 뒤로 밀어두고 규범의 내용을 정밀하게 담아내지 못하고 겉치레만 요란하게 했다.

– 이상규, 『둥지 밖의 언어』, 188쪽

이러한 매우 불투명한 외래어 선정의 잣대에 기대어 한글학회에서 만든 『큰사전』이나 국립국어원에서 만든 『표준』 대사전에서는 한 번도 외래어로 심의를 받지 않은 외국 인명, 지명, 전문용어들이 가득 실려 있다. 이런 상황으로 외국어가 계속 밀려들어온다면 모국어의 기반은 급속하게 무너질 수밖에 없게 되어 있다.

– 같은 책, 227쪽

2006년 1월부터 2009년 4월 초까지 국립국어원장을 지낸 국어학자 이상규 교수가 2008년에 펴낸 책 내용의 일부이다. 문제를 정확하게 짚고 있는데도 왜 그 뒤로 달라진 게 없을까? 더구나 글을 쓴 이가 책을 낼 당시에 국립국어원장이라는 직책을 갖고 있었는데도 말이다. 내부에 어떤 속사정이 있는지는 모르겠으나 답답함이 쉬 가시지 않는다.

인명(人名)에 대해

　외국사람 이름을 특별한 기준 없이 아무나 그냥 찾아봤다. 혹시 '피셔'라는 이름을 가진 외국사람 중에 금방 떠오르는 인물이 있는지? 『표준국어대사전』에는 피셔라는 이름을 가진 사람이 무려 여덟 명이나 등장한다. 다음과 같은 사람들이다.

피셔(Fischer, Emil Hermann): 독일의 유기 화학자(1852~1919). 당류(糖類) 및 푸린 속(purine屬) 화합물의 연구로 1902년에 노벨 화학상을 받았다.

피셔(Fischer, Edwin): 스위스의 피아니스트·지휘자(1886~1960). 리스트의 제자로 독일 고전 음악 해석의 최고 권위자의 한 사람이다.

피셔(Fischer, Sir Ronald Aylmer): 영국의 통계학자·유전학자(1890~1962). 추측 통계학을 창시하고 분산 분석법을 확립하여 실험 계획의 과학화에 공헌하였다.

피셔(Vischer, Peter): 독일의 조각가(1460~1529). 후기 고딕풍과 르네상스풍을 융합시킨 독일 르네상스 조각 대표자의 한 사람이다.

피셔(Vischer, Friedrich Theodor von): 독일의 미학자·시인(1807~1887). 헤겔학파에 속하며 저서에《미학》이 있다.

피셔(Fischer, Kuno): 독일의 철학사가(1824~1907). 신칸트파 제창자의 한 사람으로 저서에《근세 철학사》가 있다.

피셔(Fischer, Hans): 독일의 화학자(1881~1945). 헤모글로빈, 파이롤 유도체를 연구하여 포르피린류의 구조 결정과 합성에 성공하였으며, 1930년에 노벨 화학상을 받았다.

피셔(Fisher, Irving): 미국의 경제학자(1867~1947). 수학적, 통계적 수법을 본격적으로 도입하여 화폐 수량설과 물가 지수론을 확립하는 데 공헌하였다. 저서에 《가치와 가격 이론의 수학적 연구》가 있다.

이 중에 두세 명이라도 알고 있는 사람이 얼마나 될까? 참고로 나는 대부분 들어보지 못한 이름들이다. '피셔'만 예를 들었을 뿐, 이와 같은 경우가 무척 많다.

프랑스의 무용 연구가 '아르보(Arbeau, Thoinot)', 제정 러시아의 정치가 '무라비요프아무르스키(Murav'yov Amursky, Nikolai Nikolaevich)', 중국 당나라 말기의 승려 '동산양개(洞山良价)', 3세기경 인도의 설화 작가 '구나디아(Guṇāḍhya)' 같은 사람들 이름이 숱하게 등장하는 사전이 『표준국어대사전』이다. 아무리 '대사전'이라고는 하지만 이런 식으로 낱말의 양만 늘리는 게 바람직한 일일까?

이번에는 우리나라 사람들을 찾아보기로 했다. 그냥 맨 앞에 나오는 강씨 성을 가진 사람 이름을 순서대로 10명만 찾았다.

강맹경(姜孟卿): 조선 시대의 문인 (1410~1461). 자는 자장(子章). 담론(談論)에 능했고 학문에 정통했으며, 계유정난(癸酉靖難) 때에 이조 참판으로서 수양대군을 도왔고 좌참판, 우의정, 좌의정을 거쳐 영의정을 지냈다.

강명규(姜明奎): 독립운동가(1896~1983). 호는 위석(渭石). 1919년에 중국 상하이로 망명하여 임시 의정원 의원을 지냈고, 1923년에 중국 측정 공병 학교를 졸업하고 1925년에 대한 독립군에 편입하여 대한 통의부(大韓統義府)의 지휘

부장 및 대한 독립군 참모장으로 활약하였다.

강명길(康命吉): 조선 정조 때의 전의(典醫)(1737~1801). 자는 군석(君錫). 양주 목사(楊州牧使)를 지냈고 정조 때 전의가 되었다. 저서에《제중신편》이 있다.

강무경(姜武景): 구한말의 의병장(1878~1909). 영암, 장흥, 보성, 남원 등지에서 일본군과 수십 차례 교전하였다.

강문형(姜文馨): 조선 시대의 문신(1831~?). 자는 덕보(德輔). 호는 난포(蘭圃). 고종 18년(1881)에 신사 유람단의 일원으로 일본을 방문하여 군사·교육·행정 기구 따위를 시찰하였다. 협판교섭통상사무를 지냈다.

강민첨(姜民瞻): 고려 현종 때의 장군(963~1021). 현종 때에 동여진(東女眞)을 물리쳤으며, 강감찬의 부장(副將)으로서 흥화진(興化鎭)과 자산(慈山)에서 거 란군을 대파하였다.

강백(姜栢): 조선 시대의 시인(?1690~ ?1777). 자는 자청(子青). 호는 우곡(愚谷). 과시(科詩)에 있어서 뛰어난 재주를 보였으며 시풍이 호기로웠다. 영조 4년 (1728)에 이인좌의 난이 일어나자, 찰방(察訪)으로서 소임을 다 못하고 도주하 였다는 죄로 유배되었다.

강백년(姜栢年): 조선 숙종 때의 문신(1603~1681). 자는 숙구(叔久). 호는 설봉(雪 峰)·한계(閑溪)·청월헌(聽月軒). 문명(文名)이 높고 생활이 청백하여 청백리에 녹선되었으며, 후에 좌참판·판중추부사를 지냈고 사후에 영의정의 품계를 받았다. 저서에《한계만록(閑溪漫錄)》이 있다.

강사덕(姜思德): 조선 시대의 무신(?~1410). 경상도 도절제사, 전라도 병마도절 제사, 판승녕부사(判承寧府事)를 지냈다. 경상·전라 지방의 해안에 출몰하는 왜구 방어에 공이 많았다.

강사상(姜士尙): 조선 시대의 문신 (1519~1581). 자는 상지(尙之). 호는 월포(月

浦). 대사헌, 대사간, 우의정 따위를 지냈다. 선조 때에, 실록청 동관사로 명종
실록 편찬에 참여하였다. 술을 좋아하고 달변으로 이름이 나 있었다.

다들 나름대로 역사에 공을 남긴 사람들이겠으나 역사사전도 아
니고 국어사전에 실을 만한 사람들인지에 대해서는 고개를 끄덕이기
어렵다. 사전 수록을 위한 인물 선정 기준이 있기는 하겠지만, 그 기
준을 너무 폭넓게 잡아 놓았다는 생각이 든다. 웬만한 벼슬자리에 오
른 사람은 다 실어놓은 것처럼 보이는 건 나만의 생각일까? 수록 인
물을 절반 이하로 줄여도 좋겠다는 생각이 든다.

한편 인물을 선정함에 있어 편파성을 띠고 있는 건 아닌지에 대해
서도 생각해 볼 필요가 있다. 우선 권력 집단에 가까이 있던 상층부
인물에 지나치게 치중되어 있음을 부인하기 어렵다. 가령 고려 때 일
어난 '김사미의난'은 표제어에 있는데 '김사미(金沙彌)'는 항목에 없다.
이름에서 알 수 있듯이 김사미는 승려이다. 높은 신분이 아니라는 이
유 말고는 설명이 안 된다. 혹시 김사미가 역사적으로 중요한 인물이
아니라서 그랬다면, 같은 이유로 '김사미의난'도 올리지 말았어야 한
다. '망이·망소이의난'에 나오는 '망이'와 '망소이' 역시 마찬가지다.

임진왜란 때 명나라의 파병을 끌어낸 역관 홍순언, 노비 출신으로
공조판서까지 올라 경회루, 창덕궁 등을 지은 당대의 최고 건축가 박
자청, 조선 후기에 여자 상인으로 이름을 떨친 김만덕, 조선 정조 때
천민 출신이자 시각장애와 언어장애를 지니고 있던 친재 시인 이단
전 등 높은 가문 출신은 아니지만 역사에 이름을 남긴 사람들을 얼마
든지 찾아낼 수 있다.

다음으로 아쉬운 것은 일제 강점기 때 활약한 독립운동가들 중 사회주의 계열의 인사들과 한국전쟁 당시 월북하거나 재북 중이었던 사람들이 대거 빠졌다는 사실이다.

흔히 을사오적이라 일컫는 이완용을 비롯한 친일파들도 다수가 올라 있는데, 역사적 무게감이 상당한 인물들이 사상의 문제로 빠졌다는 건 형평성에 문제가 있다. 중립적이어야 할 국어사전이 오히려 정치적·이념적 잣대를 들이밀고 있는 꼴이다. 참고로 『표준국어대사전』의 인명 등재 기준에 대해 질의한 결과(2014년 12월 1일) 다음과 같은 답변을 받았다.

> 인명 표제어의 범위: 1993년 12월 31일을 기준으로 하여 생존하지 않는 구체적인 인물을 가리키는 성명, 자호, 시호, 별명.
> ☞ 북한의 인물도 사망이 비공식적으로라도 확인된 경우 표제어로 올린다.

북한의 인물도 넣었다고 하지만, 그 수는 아주 미미하다. 사전에 빠진 독립운동가와 문인, 해방 후 사회 활동가들을 생각나는 대로 적어 보니 대충 다음과 같다.

> 박헌영, 무정, 이현상, 이주하, 김삼룡, 이청천, 이용악, 오장환, 김태준, 조명희, 현덕, 김성칠, 백남운, 전태일, 이병린, 조영래, 지학순.

이상한 것은 김태준은 없는데 그가 지은 '조선소설사'가 표제어에 있고, 조명희는 없는데 그가 쓴 단편소설 '낙동강(洛東江)' 역시 표제어에 있다는 사실이다. 앞뒤가 안 맞는 일이다. 하기야 2002년에 독립한 '동티모르'까지 다른 나라 이름은 빠짐없이 실으면서 북한의 정식 국호인 '조선민주주의인민공화국'이나 그들의 국기인 '인공기'는 빼버렸으니 새삼 놀랄 일도 아니다.

한편 대중 예술가들이 대거 빠진 것도 아쉬운 일이다. 수많은 사람들에게 사랑을 받았던 대중 예술가들 중에 사전에서 빠진 이름들을 역시 생각나는 대로 적어 보았다.

백년설, 황금심, 남인수, 고복수, 이난영, 허장강, 문오장, 서영춘, 최무룡, 박노식, 김진규, 장동휘, 도금봉.

제임스 딘, 마릴린 먼로, 오드리 헵번 같은 외국 대중 예술가들 이름이 숱하게 사전에 실려 있다. 개중에는 영화나 대중가요 애호가가 아니면 거의 들어보지 못했을 이름도 상당수 발견된다.

필리프(Philipe, Gérard): 프랑스의 영화배우(1922~1959).

콜먼(Colman, Ronald): 영국 태생의 미국 영화배우(1891~1958).

야닝스(Jannings, Emil): 독일의 연극·영화배우(1886~1950).

윌리엄스(Williams, Hank): 미국의 인기 가수·작곡가(1923~1953).

멜바(Melba, Dame Nellie): 오스트레일리아의 오페라 가수(1861~1931).

미스탱게트(Mistinguett): 프랑스의 샹송 가수(1875~1956).

이런 사람들보다 우리나라 대중 예술가들을 먼저 기억하도록 해야 하는 게 아닐까? 영화에 나온 헵번의 머리 모양을 가리키는 '헵번스타일(Hepburn style)'이라는 말까지 표제어로 올리는 성의를 가졌으면서 정작 우리나라 대중 예술가들에게는 대우가 너무 소홀하다는 생각이 든다.

『표준국어대사전』에서 인도와 관련 있는 낱말들을 찾아서 그중 일부만 소개해 본다.

비하리어(Bihari語): 인도·유럽 어족의 인도·이란 어파에 속한 언어. 인도 비하르 지방에서 쓴다.

마라티어(Mahratti語): 인도·유럽 어족의 하나. 인도 어파에 속한 산스크리트어로, 인도 뭄바이 및 그 부근에서 마라타 족이 쓴다.

상기타라트나카라(Sangita-Ratnakāra): 13세기에 인도의 사릉가데바가 전국의 음악 이론을 집대성한 책. 인도에서 가장 오래된 음악 책으로 인도 음계 22율을 기술하였다.

고칼레(Gokhale, Gopal Krishna): 인도의 정치가·교육가(1866~1915). 국민 회의파의 온건파 지도자로 인도의 점진적 개혁을 주장하고, 인도 사회 봉사자 협회를 창설하여 청년들의 교육에 힘썼다.

퐁디셰리(Pondicherry): 인도 동부 첸나이 남쪽에 있는 항구 도시. 프랑스령(France領) 인도의 수도이었으며, 1954년에 인도령이 되었다.

바라타나티아(《산스크리트어》 Bhárata Natya): 인도 고전 무용의 하나. 고대 인도의 연극 이론서인 《나티아사스트라》의 저자로 알려진 바라타가 전하였다.

제리아(Jeria): 인도 비하르 주에 있는 탄전. 인도에서 가장 크다.

구나디아(Guṇādhya): 3세기경 인도의 설화 작가(?~?). 저서에 설화집 《브리하트카타》가 있다.

다르마키르티(Dharmakirti): 7세기 중반 인도의 불교학자(?~?). 논리학자 디그나가(Dignāga)의 뒤를 이어 인도 논리학을 대성하였다. 저서에 《양평석(量評釋)》,《관상속(觀相屬)》 따위가 있다.

미맘사학파(《산스크리트어》 Mīmāmā學派): 인도의 육파 철학(六派哲學)의 하나. 베다 성전의 제례를 철학적으로 연구하고 해석하였다.

가얄(gayal): 인도 아삼 지방의 산지에 서식하는 들소를 가축화한 소.

다모다르강(Damodar江): 인도의 동북부를 흐르는 강.

바크라댐(Bhakra Dam): 인도 수틀레지 강 상류에 있는 다목적 댐. 두 개의 발전소가 있다.

이 밖에도 무척 많은 낱말들이 실려 있다. 도대체 우리나라 사람들이 인도를 얼마나 사랑하기에 인도의 부족들이 사용하는 언어와 탄전, 댐 이름까지 알아야 하는 걸까? 인도 말고 다른 나라와 관련된 말들도 마찬가지로 무척 많이 실려 있다.

하여간 『표준국어대사전』은 오지랖이 참 넓다. 원자로의 종류를 아래와 같이 빽빽하게 실어 놓은 것만 보아도 알 수 있는 일이다.

열원자로, 가상원자로, 증식원자로, 고속원자로, 경수형원자로, 레이저원자로, 물감속원자로, 생산용원자로, 유동층원자로, 증식형원자로, 흑연형원자로, 동력용원자로, 실험용원자로, 우라늄원자로, 가압수형원자로, 불균질형원자로, 유체연료원자로, 정상상태원자로, 콜더홀형원자로, 비등수형원자로, 자연순환원자로, 흑연감속원자로, 가스냉각형원자로, 고속중성자원자로, 기체냉각형원자로, 산화물연료원자로, 스위밍풀형원자로, 엠티아르형원자로,

유기재감속원자로, 유기물감속형원자로, 유기물냉각형원자로, 워터보일러형원자로, 고온가스냉각형원자로.

도대체 이 수많은 원자로 이름을 일일이 국어사전에 실어서 어쩌자는 걸까? 군사 용어도 꽤 올라 있는 편인데, 다음과 같은 낱말이 있다.

일종보급품(一種補給品): 『군사』 군용 보급품을 열 종류로 나눌 때에, 양식 따위와 같이 언제나 사람 수에 따라 일정하게 보급되는 물품을 첫째 보급품으로 분류한 것.

뜻풀이에 따르면 군용 보급품에 열 종류가 있음을 알 수 있다. 그런데 사전에는 '일종보급품'부터 '오종보급품'까지만 표제어에 있고 '육종보급품'부터 '십종보급품'까지는 없다. 군용보급품을 굳이 종류별로 나누어 사전에 실을 필요도 없었겠지만, 이왕 실을 거면 모두 실어야 형평성에 맞지 않았을까? 오지랖이 넓기는 한데, 허술한 오지랖에 지나지 않는다는 비판을 받아 마땅하다.

한 가지만 더 짚기로 하자. 다음 장에서 살펴볼 것처럼 여러 분야의 수많은 전문어들을 싣고 있는데, 유독 인문·사회나 예술 분야의 중요한 개념어들이 상당수 빠져 있다. 몇 개만 예를 들면 다음과 같은 낱말들이다.

아우라(Aura): 예술 작품에서, 흉내 낼 수 없는 고고한 분위기.

아비투스(habitus): 일정하게 구조화된 개인의 성향체계. 태도나 습성, 경향 등을 나타낸다.

아키타이프(Archetype): 민족 등 집단에 공통된 문화적 원형.

미메시스(mimesis): 예술 창작의 기본 원리로서의 모방(模倣)이나 재현(再現).

파놉티콘(panopticon): 원형감옥. 소수의 감시자가 모든 수용자를 자신을 드러내지 않고 감시할 수 있는 형태의 감옥.

클리셰(cliche): 새로움이 없는 상투적인 표현.

패스티시(pastiche): 기존의 작품을 차용하거나 모방하는 기법.

시뮬라크르(simulacre): 불어로 시늉, 흉내 등을 나타내는 말로 인공 복제품을 뜻한다.

데자뷰(deja vu): 처음 해 보는 일이나 처음 보는 대상, 장소 따위가 낯설게 느껴지지 않는 현상.

모방이나 모조를 뜻하는 '이미테이션(imitation)'은 실으면서 '미메시스'는 안 싣는 이유가 무언지 모르겠다. 더구나 '아우라' 같은 말은 예술 개념을 떠나 일상생활에서도 '광채'나 '독특한 분위기'와 같은 뜻으로 많이 쓰는 말인데도 말이다. '아우라(Aura)'는 제쳐두면서 '아우라민(auramine)'은 표제어로 삼았다. '아우라민(auramine)'은 '황색 염기성 염료의 하나. 독성이 강하여 식품에는 사용이 금지되어 있으며, 무명·레이온·종이·피혁 따위의 염색에 쓴다. 화학식은 C17H22ClN3.'라고 풀이해 놓았다. 외래어를 표제어로 삼을 때 중요한 낱말과 그렇지 않은 낱말을 가르는 척도는 무엇일까? 그런 척도가 있기는 한 걸까?

복합어의 표제어 선정 기준

두 개 이상의 낱말을 합쳐서 만든 합성어와 파생어 같은 복합어에서 어떤 말을 표제어로 삼고 어떤 말은 뺄 것인지에 대해 명확한 기준을 세우는 게 어려울 것이라는 점은 충분히 이해할 수 있다. 그럼에도 어느 정도는 상식 수준에서 납득할 수 있는 기준이 있어야 하는데, 그러한 측면에서 『표준국어대사전』은 미흡한 면이 많다.

가령 면허세의 종류가 다양한데 사전에는 뜬금없이 '수렵면허세' 하나만 올려놓는 식이다. 그 많은 면허세 중에 왜 하필 수렵면허세일까? '면허세'만 단독으로 올리고 다른 면허세는 다 빼든지 아니면 가능한 모든 면허세를 올리든지 했어야 하지 않았을까? '이파리'가 들어간 말도 그렇다. 『표준국어대사전』에는 '깻이파리' 하나만 올라 있다. 배추나 무도 이파리가 있는데 왜 달랑 '깻이파리'만 실어놓았는지 이해할 길이 없다. '깻잎'이 따로 표제어로 올라 있는데도 말이다.

참고로 국립국어원 홈페이지에 올라온 질문과 답변을 소개한다.

질문: '배춧잎'이라는 단어를 사전에서는 찾을 수 없어서요. 맞는 말인지요?
답변: '배추'와 '잎'이 결합하여 만들어진 '배추잎' 또는 '배춧잎'과 같은 한 단어는 인정하지 않습니다. 그러므로 각각의 단어인 '배추'와 '잎'을 띄어 '배추 잎'과 같이 적습니다.

왜 한 단어로 인정할 수 없는지에 대한 설명이 없다. 그렇게 정했으니까 그냥 따르라는 투다. 다음한국어사전에는 '배춧잎', '무잎' 같은 말들이 표제어로 올라 있다. 실생활에서도 '배추 잎'이라고 떼어서 쓰고 그렇게 읽기보다는 '배춧잎'이라고 붙여서 쓰고 한꺼번에 발음하는 경우가 훨씬 많다. 실제로 말을 쓰는 사람들은 당연히 한 낱말로 인식하고 있다는 얘기다. 사전을 살펴보면 어떤 분야는 복합어를 지나칠 정도로 세세하게 실은 반면 어떤 분야는 너무 적게 실었다. 세세하게 실은 건 대체로 전문어들이고, 소홀하게 실은 건 실생활에서 쓰는 일반어들이다.

몇 가지 예를 들어 보자. 우선 '중독'이 들어간 말들이다.

납중독, 복중독, 복어중독, 일중독, 대마중독, 리졸중독, 만성중독, 맥각중독, 벤졸중독, 벤젠중독, 승홍중독, 식품중독, 식이중독, 식중독, 아연중독, 질소중독, 중독간염, 중독약시, 중독환자, 청산중독, 탄산중독, 크롬중독, 감자중독, 가스중독, 공업중독, 급성중독, 마약중독, 버섯중독, 비소중독, 산업중독, 수은중독, 아편중독, 약물중독, 자가중독, 집단중독, 리솔중독, 임신중독, 독버섯중독, 모르핀중독, 아닐린중독, 알칼리중독, 알코올중독, 중금속중독, 중독신경염, 중독정신병, 직업성중독, 카드뮴중독, 필로폰중독, 헤로인중독, 화학성중독, 니코틴중독, 중독뇌장애, 수면제중독, 바르비탈중독, 시안화물중독, 아트로핀중독, 염소가스중독, 유기수은중독, 유기염소중독, 파라티온중독, 탄산가스중독, 만성알코올중독, 보툴리누스중독, 이산화질소중독, 이산화탄소중독, 메틸알코올중독, 사염화탄소중독, 일산화탄소중독, 사이안화물중독, 유기인제농약중독.

의학사전에 있는 모든 중독 종류를 가져다 실은 듯하다. 이 모든 중독을 다 실었어야 했는지에 대해서는 독자들의 판단에 맡긴다. 덧붙일 것은 그렇게 많은 중독을 실어놓고도 책벌레들을 향해 자주 쓰는 '활자중독' 같은 말은 없다는 사실이다. '유기인제농약중독'은 실어놓고 '농약중독'을 뺀 이유도 이해하기 어려운 일이다. 혹시 '농약중독'은 의학용어가 아니고 '유기인제농약중독'이 의학용어라서 그렇다고 한다면 참 서글픈 일이다.

전문어를 얼마나 사랑하는지 다른 예를 하나 더 들어보자. '계획'이 들어간 낱말과 거기 붙은 분류 항목을 정리했다.

개발계획(開發計劃)『건설』, 경로계획(經路計劃)『교통』, 경제계획(經濟計劃)『경제』, 경영계획(經營計劃)『경제』, 계획사격(計劃射擊)『군사』, 계획수매(計劃收買)『경제』, 계획원가(計劃原價)『경제』, 계획인구(計劃人口)『사회』, 계획자본(計劃資本)『경제』, 계획재배(計劃栽培)『농업』, 계획정지(計劃停止)『전기』, 계획조선(計劃造船)『공업』, 계획초시(計畫初試)『역사』, 공장계획(工場計劃)『공업』, 공간계획(空間計劃)『건설』, 교통계획(交通計劃)『교통』, 구조계획(構造計劃)『건설』, 궤도계획(軌道計劃)『공업』, 기동계획(機動計劃)『군사』, 농촌계획(農村計劃)『사회』, 단지계획(團地計劃)『건설』, 동선계획(動線計劃)『건설』, 벨라계획(Vela計劃)『군사』, 사회계획(社會計劃)『사회』, 색채계획(色彩計劃)『미술』, 선형계획(線型計劃)『수학』, 이익계획(利益計劃)『경제』, 자금계획(資金計劃)『경제』, 재정계획(財政計劃)『경제』, 전략계획(戰略計劃)『군사』, 조명계획(照明計劃)『연영』, 지급계획(支給計劃)『경제』, 직무계획(職務計劃)『경제』, 취락계획(聚落計劃)『건설』, 현금계획(現金計劃)『경제』, 계획경제(計劃經濟)『경제』, 건축계획(建築計劃)『건설』, 계획도산(計

劃倒産)『경제』, 계획지표(計劃指標)『경제』, 녹지계획(綠地計劃)『사회』, 동적계획
(動的計劃)『경제』, 도시계획 (都市計劃)『사회』, 북벌계획(北伐計劃)『역사』, 삼림
계획(森林計劃)『농업』, 생산계획(生産計劃)『경제』, 원가계획(原價計劃)『경제』, 유
도계획(誘導計劃)『경제』, 지역계획(地域計劃)『사회』, 지방계획(地方計劃)『사회』,
노동계획(勞動計劃)『경제』, 계획홍수량(計劃洪水量)『건설』, 계획홍수위(計劃洪
水位)『건설』, 계획추출법(計劃抽出法)『수학』, 레인저계획(Ranger計劃)『항공』, 맨
해튼계획(Manhattan計劃)『역사』, 모건도계획Morgenthau計劃)『정치』, 바이킹
계획(Viking計劃)『통신』, 뱅가드계획(Vanguard計劃)『통신』, 선형계획법(線型計劃
法)『수학』, 스펜더계획(spender計劃)『정치』, 실험계획법(實驗計劃法)『수학』, 아폴
로계획(Apollo計劃)『항공』, 오개년계획(伍個年計劃)『경제』, 콜롬보계획(Colombo
計劃)『정치』, 매터혼계획(Matterhorn計劃)『정치』, 〈머큐리계획(Mercury計劃)『천
문』, 수리계획법(數理計劃法)『수학』, 유레카계획(EURECA計劃)『고유』, 정적계
획법(靜的計劃法)『교통』, 제미니계획(Gemini計劃)『천문』, 건축계획원론(建築計
劃原論)『건설』, 광역도시계획(廣域都市計劃)『건설』, 농업생산계획(農業生産計劃)
『농업』, 물자동원계획(物資動員計劃)『경제』, 비선형계획법(非線型計劃法)『수학』,
서베이어계획(Surveyor計劃)『천문』, 신맨해튼계획(新Manhattan計劃)『경제』, 에
어러샛계획(Aerosat計劃)『항공』, 콜럼버스계획(Columbus計劃)『천문』, 계획홍수
유량(計劃洪水流量)『건설』, 세계식량계획(世界食糧計劃)『사회』, 스타워즈계획
(Star Wars計劃)『군사』, 유럽부흥계획(Europe復興計劃)『경제』, 자연개조계획(自然
改造計劃)『지리』, 지역경제계획(地域經濟計劃)『경제』, 포인트포계획(Point Four計
劃)『정치』, 루너오비터계획(Lunar Orbiter計劃)『항공』, 에스디아이계획(SDI計劃)
『군사』, 국제연합개발계획(國際聯合開發計劃)『정치』, 국제연합환경계획(國際聯
合環境計劃)『사회』, 국토종합개발계획(國土綜合開發計劃)『건설』, 세계기상감시

계획(世界氣象監視計劃)『기상』, 지구대기연구계획(地球大氣硏究計劃)『지리』, 후진

국개발원조계획(後進國開發援助計劃)『사회』『정치』, 경제개발오개년계획(經濟開

發伍個年計劃)『정치』, 국제생물학연구계획(國際生物學硏究計劃)『생물』, 경제사회

발전오개년계획(經濟社會發展伍個年計劃)『정치』, 국제연합기술원조확대계획(國

際聯合技術援助擴大計劃)『경제』, 제삼차경제개발오개년계획(第三次經濟開發伍個年

計劃)『경제』, 제이차경제개발오개년계획 (第二次經濟開發伍個年計劃)『경제』, 제

사차경제개발오개년계획(第四次經濟開發伍個年計劃)『경제』, 제일차경제개발오

개년계획(第一次經濟開發伍個年計劃)『경제』, 제오차경제사회발전오개년계획(第

伍次經濟社會發展伍個年計劃)『정치』.

숨이 가쁠 지경이다. 이번에는 실생활에서 자주 쓰는 말을 살펴보

자. 사전에 실린, '전골'이 들어간 말은 다음과 같다.

왜전골, 닭전골, 곱창전골, 갈낙전골, 두부전골, 만두전골, 버섯전골, 전골냄

비, 전골틀, 낙지전골, 고기전골.

제법 많은 낱말을 실어놓은 경우를 예로 들었다. 하지만 그래도 많

은 말들이 빠져 있다. 식당에 가서 쉽게 만날 수 있는 전골 몇 가지만

추려도 다음과 같은 것들이 있다.

김치전골, 해물전골, 소고기전골, 오리전골, 모둠전골, 생선전골, 동태전골,

불낙전골.

다음으로 가방이 들어간 말을 살펴보자. 사전에는 다음과 같은 말들이 실렸다.

책가방, 손가방, 꽃가방, 구슬가방, 야전가방, 공공칠가방.

가방 종류가 이 정도밖에 되지 않을까? 대충 생각나는 대로 떠올려도 다음과 같은 말들이 있다.

종이가방, 비닐가방, 가죽가방, 옆가방, 기저귀가방, 서류가방, 보조가방, 여행가방, 카메라가방, 학생가방, 천가방, 출산가방, 세면가방, 아동가방, 소풍가방.

아무리 생각해도 사전 편찬자들이 게으르다는 생각을 떨쳐버리기 힘들다. 아울러 전문어에 대한 사랑도 좋지만 실생활에서 보통 사람들이 쓰는 말에 대한 사랑도 조금 더 키우면 좋겠다는 생각을 한다. 옷가게, 꽃가게, 빵가게, 반찬가게가 왜 사전에 있으면 안 되는가?

제 8 장

낱말 분류 항목에 대해

국어사전을 펼치면 해당 낱말의 뜻을 설명하기 전에 그 낱말의 뜻이 나타내는 성격에 따라 분류 항목을 표시해 놓은 게 많다. 가령 『동물』, 『식물』, 『법률』, 『경제』처럼 분류하는 식이다. 굳이 낱말을 항목별로 분류를 해 놓을 필요가 있을까 하는 생각이 들곤 한다. 그래도 국어사전을 찾는 사람들에게 베푸는 친절이겠거니 하면 그만이긴 하다. 그런데 문제는 분류 항목이 과연 제대로 표기되고 있느냐 하는 문제에 이르면 한숨이 절로 나온다.

> **화투**(花鬪): 『운동』 48장으로 된 놀이용 딱지. 또는 그것으로 행하는 오락이나 노름. 계절에 따른 솔, 매화, 벚꽃, 난초, 모란, 국화, 오동 따위 열두 가지의 그림이 각각 네 장씩 모두 48장이며, 짓고땡·육백·고스톱 따위의 노는 방법이 있다.

화투의 분류 항목은 위와 같이 『운동』으로 되어 있다. 바둑, 장기, 포커, 트럼프, 마작 같은 낱말 역시 『운동』으로 분류해 놓았다. 어떤 이가 국립국어원 홈페이지에 그렇게 분류한 이유에 대해 질의를 했더니 다음과 같은 답변이 나왔다.

> 표준국어대사전 편찬지침에 따르면 영역별 표제어 선정 기준에 '놀이', '오락'에 해당하는 부분이 없습니다. 이러한 부분들을 '운동'에 모두 함께 제시하다 보니 '화투'를 『운동』으로 분류한 것입니다.

다음은 표준국어대사전 편찬 지침 - 영역별 표제어 선정 기준입니다. 참고하시기 바랍니다.

5-2-33. 운동

1. 표제어의 범위

1) 공식 경기가 있고 경기 단체가 있는 각종 스포츠 경기의 종류 및 종목, 경기 운영 및 진행 방식 예) 체조, 축구, 씨름, 태권도, 볼링, 스로

2) 전통 무술 및 경기, 또는 오락의 종류 예) 태껸, 국궁, 격구, 사방 제기

3) 일정한 규칙에 의해 이루어지는 각종 오락의 종류 예) 당구, 트럼프, 바둑

4) 관광 레저 및 레포츠 예) 수상-스키, 번지-점프, 에어로빅

5) 각종 경기 및 오락, 무술 따위의 기술이나 규칙 예) 차지-타임

6) 각종 스포츠 경기 및 오락의 대회 및 행사명, 기구, 경기장 예) 창11, 죽도 01

7) 기타 체육학 용어 예) 개방성운동

8) 체육 관련 단체나 기관, 기구 예) 대한 체육회

결국 세 번째 항목에 화투가 해당한다는 얘기다. 편찬 지침을 잘못 만들다보니 이런 일이 생긴 셈인데, 지침이 상식에 맞지 않으면 고치는 게 우선이다. 화투나 포커를 『운동』으로 분류하는 것은 누가 봐도 이상한 일이다. 그냥 쉽게 『오락』이나 『놀이』 같은 항목을 하나 더 만들면 되는 문제다.

화투장은 끗수가 정해져 있고 그에 따라 각각 부르는 이름이 있다. 이들 화투장 이름에도 『운동』이라는 분류를 달아 놓았다. 그런데 네

끗을 이르는 '흑싸리', 일곱 끗을 가리키는 '홍싸리' 같은 것들은 『운동』으로 분류했지만, 열 끗을 이르는 '풍'에는 아무런 분류 표시도 없다. 사소한 듯하지만, 오류가 없어야 하는 게 사전이라는 사실을 새길 필요가 있다.

분류 항목에 대해 몇 가지 더 알아보자.

오성홍기(伍星紅旗):『고유』중화 인민 공화국의 국기.

'오성홍기'는 위처럼 분류 항목을 『고유』로 처리했으며, 『고유』는 고유 명사를 뜻한다고 되어 있다. 이상한 것은 태극기와 일장기, 성조기에는 아무런 분류 항목이 없다는 사실이다. 같은 국기인데 왜 이런 식의 처리가 이루어졌는지 모르겠다.

라마르세예즈(La Marseillaise):『고유』프랑스의 국가(國歌). 프랑스 혁명 시기인 1792년에 루제 드릴(Rouget de Lisle)이 작사하고 작곡하였다.

프랑스 국가는 『고유』로 분류해 놓았는데 우리나라 국가인 〈애국가〉는 『음악』으로 분류했으며, 일본 국가인 〈기미가요〉는 아예 표제어에 없다.

런던동물공원(London動物公園):『고유』영국 런던의 리젠트 공원 안에 있는 동물. 런던 동물학 협회의 경영으로 1828년에 창립되었으며, 수용 동물이 1,000종이 넘는 세계 제일의 동물원이다.

그랜드티턴국립공원(Grand Teton國立公園):『고유』미국 와이오밍 주 서북쪽에 있는 국립 공원. 그랜드티턴 산을 비롯하여 험준한 산이 연이어 있으며 동쪽 기슭에는 잭슨 호(Jackson湖)가 있다.

센트럴파크(Central Park):『지명』미국 뉴욕의 맨해튼 중심부에 있는 공원. 현대 도시공원의 규범으로, 전문 조원가의 필요성을 제기한 것으로 유명하다.

재한유엔기념공원:『지명』부산광역시 남구 대연동에 있는 공원. 6·25 전쟁에 참가하였던 유엔군을 안치한 곳으로, 1955년 11월 유엔 총회의 결정에 의하여 설치되었다. 2001년 3월 '유엔 묘지'에서 현재의 명칭으로 바뀌었다.

망향의 동산(望鄕---):『고유』해외에서 숨진 동포를 위하여 1976년 충청남도 천안시 성거읍 요방리에 마련한 국립 공원묘지.

서울대공원(--大公園):『지명』경기도 과천시 막계동에 있는 공원. 1978년에 착공하여 1984년 5월에 완공하였으며, 동물원과 식물원을 비롯하여 미술관, 시민 위락 시설, 자연공원 따위를 갖추고 있다.

위 고유 명사들의 분류 항목에서 일관성이 느껴지는가? 왜 어떤 건 '고유'이고 다른 건 '지명'인지 그 차이를 모르겠다. 그렇다면 다음 두 낱말의 분류 항목에 대해서는 차이를 알 수 있을까?

독립기념관(獨立紀念館):『고적』충청남도 천안시 목천면 흑성산에 있는 민족 기념관.

체신기념관(遞信紀念館):『고유』우리나라의 우정사(郵政史)를 기리기 위하여 1972년 12월에 서울특별시 종로구 견지동에 개관한 기념관.

'고적'을 사전에서 찾으면 '옛 문화를 보여 주는 건물이나 터'라고 되어 있다. 독립기념관이 과연 '고적'에 해당하는지 고개를 갸웃거리게 만든다. '자연사박물관(自然史博物館)'은 『고적』, '자연박물관(自然博物館)'은 『생물』, '산악박물관(山岳博物館)'은 『고유』로 되어 있으니, 분류 기준에 대해 정말 갈피를 잡을 수가 없다. 참, 고유 명사에 해당하는 '엔서울타워'는 『건설』로 분류해 놓았다.

다음과 같은 경우들은 또 어떻게 해석해야 할까?

벨벳(velvet) : 분류 항목 없음.

면벨벳(綿velvet): 『수공』

모직(毛織): 『수공』

소모사모직(梳毛絲毛織): 『공업』

캐시미어(cashmere, 인도 서북부의 카슈미르 지방에서 나는 산양의 털로 짠 고급 모직물) : 분류 항목 없음.

합성섬유(合成纖維) : 『수공』

폴리에스터계합성섬유(polyester系合成纖維): 『화학』

폴리아크릴로니트릴계합성섬유(polyacrylonitrile系合成纖維): 『수공』

같은 계열에 속하는 낱말들끼리도 분류 항목이 다름을 알 수 있다. 잠시 '합성섬유'의 뜻풀이를 알아보자.

합성섬유(合成纖維):『수공』석유, 석탄, 천연가스 따위를 원료로 하여 화학적으로 합성한 섬유. 나일론, 비닐론, 폴리에스테르 따위가 있다. ≒인공 섬유·합성 올실·화학 섬유.

합성섬유가 과연『수공』으로 분류될 수 있는지는 둘째로 치고, 뜻풀이에 나오는 나일론, 비닐론, 폴리에스테르의 분류 항목은 무엇으로 되어 있을까? 합성섬유가『수공』이므로 이들도 당연히『수공』으로 분류해 놓았을 거라고? 하지만 세 낱말 모두『화학』으로 분류되어 있다.

비슷한 예를 찾아보라고 한다면 얼마든지 찾아낼 수 있다. 다음을 보자.

엠큐현상액(MQ現像液):『연영』사진에서, 현상액의 하나. 메톨, 하이드로퀴논을 주성분으로 한다.

피큐현상액(PQ現像液):『화학』페니돈(phenidone)과 하이드로퀴논을 현상 주약(現像主藥)으로 하는 현상액. 현상 속도가 빠르고 증감성과 보존성이 뛰어나다.

같은 현상액인데, 하나는『연영』이고 다른 하나는『화학』이다.

마지막으로 한 가지만 더 짚자. 세계에는 다양한 종류의 종교가 있다. 그중에서 가장 널리 퍼진 세계 4대 종교를 흔히 기독교(가톨릭 포함), 불교, 이슬람교, 힌두교로 나눈다. 그런데 종교와 관련한 분류 항목은『기독교』,『가톨릭』,『불교』,『종교』로 구분해 놓았다. 기독교, 가톨릭, 불교를 제외한 모든 종교 용어를 통틀어『종교』로 묶은 것이다.

최소한 이슬람교는 독립된 분류 항목으로 묶었어야 한다고 생각한다.

분류 항목에 대한 얘기는 여기서 그치기로 한다. 하기야 '옥외광고물(屋外廣告物)'의 분류 항목이 『언론』으로 되어 있으니 더 말해 무엇 하랴!

제 9 장

방언의 문제

방언은 우리말의 보고다. 표준어에 속하지 못하는 수많은 방언이 있어 우리말의 풍요로움을 뒷받침해 준다고 할 수 있다. 하지만 오랜 시간 표준어 중심의 교육을 해오는 동안 방언을 홀대하거나 편견을 심어주는 부작용이 일어났다. 특히 텔레비전 드라마 등에서 많이 배우고 가진 것 많은 이들은 표준어를 쓰고, 못 배우고 가난한 이들은 사투리를 쓰는 식으로 배역 설정을 하는 바람에 그런 편견이 더욱 굳어지기도 했다.

그렇다면 국어사전에서는 방언을 어떻게 처리하고 있을까? 나름대로 많은 방언을 싣고 있으며, 북한 지역의 방언까지 소개하고 있어 겉으로는 방언을 중요한 우리의 언어 자산으로 인정하는 것 같지만 속을 들여다보면 허술한 점이 한두 가지가 아니다.

각 지역에서 사용하는 모든 방언을 사전에 실을 수는 없다. 지역별로 구분해서 나온 방언사전들도 여럿 있으니 방언에 대한 세밀한 언어 정보는 방언사전을 활용하면 된다. 그럼에도 『표준국어대사전』의 방언 등재에 대해 아쉬운 것은, 이왕 실었으면 제대로 풀이를 해주어야 하는데 그렇지 못한 부분들이 눈에 많이 띈다는 사실이다. 우선 각 낱말의 사용 지역에 대한 정보가 너무 부실하다. 가령 강원 지역의 방언이라고 해놓았는데 실제로는 충청과 전라 지역에서도 함께 사용하는 경우가 많다는 얘기다. 하지만 이런 부분은 사전에 실린 모든 방언을 일일이 찾아서 대조하기도 쉽지 않으므로 여기서 지나치게 자세히 다루지는 않으려고 한다. 대신 뜻풀이가 부실하거나 잘못된 낱말들, 방언이 아닌 표준어로 인정하면 좋을 낱말 등에 대한 이야기를 풀어볼 참이다.

잎새: '잎사귀'의 방언(충청).

윤동주의 대표시인 「서시」에 나오는 '잎새에 이는 바람에도 나는 괴로워했다'라는 구절을 모르는 사람은 없으리라. 윤동주는 만주 용정에서 태어나 평양 숭실중학교를 다녔고 서울로 와서는 연희전문에서 공부했다. 그런 그가 어떻게 충청 방언을 알고 시에 끌어들였을까? 그리고 오 헨리의 유명한 단편소설 「마지막 잎새」를 번역한 사람은 충청도 사람이라서 제목을 그렇게 붙였을까? 전라도에서는 그 지방 소주에 왜 '잎새주'라는 이름을 달아 주었을까? 이런 궁금증들을 따라가다 보니 사전을 만든 사람이 어떤 근거로 '잎새'를 충청 방언이라고 단정했는지 아리송하기만 하다. 설혹 예전에는 충청권에서 주로 쓰였다고 하더라도, 이제는 온 나라 사람이 널리 쓰므로 표준어로 인정해야 하는 게 아닐까 싶다.

추리: '자두'의 방언(경기, 평안).

경기도와 평안도 방언으로 '추리'를 올려놓았지만, 경북 지방에서도 많이 쓰는 말이다. 2006년에 자두 특구로 지정된 경북 김천시에서 나는 자두 중에 '추이'라고 부르는 품종이 있는데, 다른 자두보다 늦게 나와서 흔히 '가을자두'라고도 하며 알이 굵은 편이다. '추리'라는 말은 가을에 나는 자두라는 뜻의 한자어 '추이(秋李)'에서 비롯되었을 것이다(李는 오얏을 뜻하며, 오얏은 자두를 가리키는 옛말이다). 그러므로 사투리라기보다는 자두의 한 품종을 가리키는 말이라고 하는 게 더 정확할 수도 있다.

잔나비: '원숭이'의 방언(강원, 충북).

'잔나비'가 정말 강원도와 충북에서만 쓰는 말일까? 그리고 원숭이의 방언이 맞을까? 선뜻 그렇다고 대답하기가 힘들다. 오히려 잔나비는 원숭이를 뜻하는 옛말이라고 하는 게 더 정확하다. 잔나비는 15세기에 처음으로 '납'이라는 말이 문헌에 나타났다가 이후에 '잰납'을 거쳐 '잔나비'로 된다. '잔나비띠'라는 말이 사전에 표제어로 올라 있지 않지만 지금도 많은 사람들이 '원숭이띠'라는 말 대신 사용하고 있다. 뿐만 아니라 '잔나비 밥 짓듯'이나 '잔나비 잔치다'라는 속담이 사전에 올라 있을 만큼 폭 넓게 쓰이던 말이다.

늘팽이: '달팽이'의 방언(강원).

'늘팽이'를 그냥 달팽이의 방언이라고 풀이했지만, 엄밀하게 말하면 잘못된 풀이이다. 강원도에 사는 사람들은 주로 등껍데기가 없는 달팽이, 즉 민달팽이를 가리켜 늘팽이라고 하기 때문이다.

올갱이: '다슬기'의 방언(강원, 충북).

올갱이가 다슬기를 가리키는 강원, 충북 지방의 사투리라고 해 놓았다. 하지만 충북에서 태어난 나는 어릴 적에 '우렁이'를 '올갱이'라고 부르는 걸 듣고 자랐다. 그러므로 올갱이는 다슬기와 우렁이를 함께 이르는 말이라고 하는 게 맞다.

돔배기: '돔발상어'의 방언(경북).

사전의 뜻과 달리 경북 지방에서는 '돔배기'를 상어를 도막낸 고기를 통칭해서 이르는 말로 쓰고 있다. 돔배기는 경북 지방의 제사상에 빠지지 않고 오르는 음식이다.

헤우: '김03'의 방언(전남).

해우쌈: '김03'의 방언(충남).

충남 방언으로 '해우쌈'을 소개해 놓고 있는데, 이는 잘못된 풀이이다. 전남의 여러 지방에서 펴낸 향토지를 보면 해우쌈을 '김에다 오곡밥을 싸서 먹는 음식'으로 소개하고 있다. 즉, 해우는 김을 가리키고, 거기에 '쌈'이 붙은 말로 보아야 한다.

사전에 김의 한자어로 '해의(海衣)'를 올려놓고 있는데, 헤우와 해우는 해의가 변한 말임을 알 수 있다. 이제라도 '해우쌈'의 본래 뜻을 찾아주어야 한다. 아울러 방언이라도 어원을 찾아서 밝혀주려는 노력을 하면 좋겠다.

마실: '마을01'의 방언(강원, 경상, 충청).

밤마실: '밤마을'의 방언(제주).

마실꾼: '마을꾼'의 방언(충북).

'마실'이라는 말은 사전에서 제시한 지역 말고도 거의 전국 단위에서 사용하는 말이다. 그리고 '밤마실'이 제주에서만 사용된다는 것도 믿기 어렵다. 또한 마실은 단순히 마을이라는 말로만 환원되지 않는다. 사전에서 '마을'의 뜻으로 '이웃에 놀러 다니는 일'을 덧붙여 놓고 있지만 실생활에서 그런 뜻을 담아 '마을가다'라는 말은 거의 사용하지 않는다. 대신 '마실가다', '마실 다니다'를 훨씬 많이 사용한다(참고로 나는 '마실가다'를 한 낱말로 인정해야 한다고 생각한다). 마을과 마실은 엄연히 다른 낱말이며, 이제라도 마실, 밤마실, 마실꾼, 마실가다 등을 방언이 아니라 표준어로 인정해야 한다.

장꽝: '장독대'의 방언(충청).

충청도뿐만 아니라 전라도에서도 많이 쓰는 말이다. 장꽝은 '장광(醬-)'에서 온 말인데, 사전에서는 '장광'을 장독대의 비표준어로 처리해 놓았다. '광'은 사전에 '세간이나 그 밖의 여러 가지 물건을 넣어 두는 곳'이라고 나온다. 그러므로 '장광(醬-)'은 '장(醬)'과 방금 말한 '광'이 합쳐서 된 말이다. 어원을 밝혀주면 좋겠다는 생각을 한다.

깔담살이: '꼴머슴'의 방언(전남).

'담살이'라는 말은 사전에 따로 나오지 않지만, 예전에는 '물담살이', '애기담살이' 같은 말들을 썼다. 그중에서 사전에는 '요강담살이'를 표제어로 올려놓고, '예전에, 상류 집안에서 요강 닦는 일을 맡아 하던 종'이라고 풀이했다. '담살이'는 남의 집에 얹혀살며 집안일을 도와주던 머슴이나 종을 뜻하는 말임이 분명한데, 사전 편찬자는 그러한 사실을 모르는 모양이다. 더구나 '요강담살이'는 표준어, '깔담살이'는 방언이라고 하니 앞뒤가 안 맞는 느낌이다. 실제로 '요강담살이'는 어형을 '요강-담살이'로, '깔담살이'는 '깔담-살이'로 해놓았다. 그렇다면 '깔담'이 따로 있어야 하는데, 그런 말은 사전에 없다. '담살이'

를 모르니 이런 잘못이 나오는 것이다.

말테우리: '말몰이꾼'의 방언(제주).

쉐테우리: '소몰이꾼'의 방언(제주).

『표준국어대사전』에 '테우리'라는 말은 따로 표제어에 올라 있지 않다. 대신 '말테우리'와 '쉐테우리'가 올라 있다. '쇠테우리'가 아니라 '쉐테우리'가 된 것은 제주 사람들의 현지 발음을 인정해서 그리 된 듯하다. 제주 출신 소설가 현기영의 작품에 「마지막 테우리」라는 게 있다. 소설 제목에 '테우리'를 사용했고, 현지에서도 '테우리'라는 말을 사용하고 있음에 비추어 본다면 '테우리'를 개별 낱말로 사전에 올렸어야 한다.

둠벙: '웅덩이'의 방언(충청).

'둠벙'을 사전에서는 충청 방언이라고 해놓았지만 실제로는 여러 지역에서 폭넓게 쓰고 있다. 학술논문 제목을 검색해 보니 「서부 민간인 통제구역에 존재하는 둠벙의 유형 분류」, 「논의 둠벙이 가지는 기능에 관한 연구」, 「둠벙과 논에 서식하는 생물의 이동 특성 연구」 등 꽤 많은 논문에 '둠벙'이라는 말이 보인다. 그만큼 '둠벙'이 웅덩이라는 말로는 다 표현하지 못하는 의미를 담고 있다고 할 수 있다. 웅덩이는 푹 파여 물이 고일 수도 있지만, 물이 마르면 그냥 푹 파인 채로 있을 수도 있다. 그래서 물이 고인 상태를 뜻하는 '물웅덩이'가 따로 표제어로 올라 있기도 하다. 그에 반해 둠벙은 항상 물이 고인 채로 있으므로 둘은 서로 다른 낱말이 분명하며, 따라서 '둠벙'을 당연히 표준어로 삼아야 한다. 덧붙여 '움푹 파여 물이 괴어 있는 곳. 늪보다 훨씬 작다.'라고 한 웅덩이의 뜻풀이도 바꾸어야 한다.

혼불: 사람의 혼을 이루는 바탕. 죽기 얼마 전에 몸에서 빠져나간다고 하는데, 크기는 종발만 하며 맑고 푸르스름한 빛을 띤다고 한다(전남, 전북).

다른 방언에 비해 뜻을 자세히 풀었다. 다른 방언은 대체로 'OO의 방언'이라는 식으로 풀고 있음에 비추어 보면 '혼불'을 대신할 표준어가 따로 없다는 얘기이다. 그렇다면 혼불을 표준어로 삼는 것도 하나의 방법이겠다.

탁배기: 「1」 '막걸리'의 방언(경상). 「2」 '막걸리'의 북한어.

박용래 시인이 쓴 「탁배기」라는 제목의 시에 다음과 같은 구절이 나온다.

'어느덧/ 반백(半白)이 된 달아/ 수염이 까칠한 달아/ 탁배기(濁盃器) 속 달아'

박용래는 충남 강경 지방에서 나고 자란 시인이다. 충남 사람이 '탁배기'라는 말을 썼다는 건 그 말이 경상 방언에 한정되지 않는다는 사실을 보여준다. 일단 시 안에 나오는 '濁盃器'라는 한자 표기가 정확한 건지는 잘 모르겠다. 하지만 '흐릴 탁(濁)'이 들어간다는 건 누구나 쉽게 짐작할 수 있는 일이다. 하지만 『표준국어대사전』에는 한자 표기가 전혀 없다. 다음한국어사전도 방언으로 소개하고는 있지만 형태를 '濁배기'로 분석하고 있다.

'-배기'는 '그것이 들어 있거나 차 있음'의 뜻을 더하는 접미사이다. '탁'이 한자어이고 '-배기'가 특정 지역을 떠나 모든 사람이 두루 쓰는 접미사라면 '탁배기'를 방언으로 밀어낼 이유가 없다. 더구나 '탁배기'를 북한말이라고 풀이해 놓은 것은, 이 말이 남쪽은 물론 북쪽 지역까지 걸쳐서 우리나라 전역에서 사용된 말이었음을 보여주는 사례이기도 하다. 아무리 생각해도 '탁배기'가 방언 취급을 받아야 하는 이유를 모르겠다.

뺑뺑이: '매암'의 방언(경상).

'매암'은 '맴'의 본말로, 제자리에 서서 뱅뱅 도는 장난을 뜻한다. 그런데 이 말이 정말 경상 지역의 방언일까? 사전에는 동음이의어로 다음과 같은 뜻을 지닌 '뺑뺑이'가 더 나온다.

뺑뺑이: 「1」숫자가 적힌 둥근 판이 돌아가는 동안 화살 같은 것으로 맞혀 그 등급을 정하는 기구. 또는 그런 노름. 「2」춤 교습소에서 남녀가 춤추는 일을 속되게 이르는 말.

뱅뱅 돈다는 뜻을 지니고 있다는 면에서 보면 두 낱말은 같은 뿌리에서 나온 것임을 쉽게 알 수 있다. 그런데 하나는 표준어고, 다른 하나는 방언이라고 하면 쉽게 납득하기 어렵다. 백 번 양보해서 처음에는 경상 지역 사람들끼리만 '제자리에서 서서 뱅뱅 도는 장난'이라는 뜻으로 '뺑뺑이'라는 말을 썼다고 할지라도(그에 대한 근거도 희박하지만), 지금은 어느 지역에서나 두루 쓰고 있는 말이므로 표준어로 인정하는 게 맞지 않을까?

생똥: '산똥'의 방언(경상).

'산똥'이라는 말을 많이 쓸까, '생똥'이라는 말을 많이 쓸까? 서울 쪽에서 40년 이상을 살았어도 '산똥'이라는 말은 거의 들어보지 못했다. 다음한국어사전도 방언으로 처리해 놓고는 있지만 사용 지역을 경상, 전라, 충청으로 넓게 잡고 있다. 결국 우리나라 사람 거의 대부분이 쓰고 있다는 말이다.

표준어 규정을 '교양 있는 사람이 두루 쓰는 현대 서울말'이라고 해놓았는데, 정말 교양 있는 서울 사람들은 '생똥' 대신 '산똥'이라는 말을 쓸까? 예전부터 서울에 살던 서울 토박이들은 '생똥'을 안 썼는지 몰라도 지금은 서울 사람들도 두루 쓴다면 당연히 '생똥'을 표준어로 인정해야 하는 게 아닐까?

놀래키다: '놀래다'의 방언(충청).

'놀래다'는 '놀라게 하다'의 뜻이다. 사전에서는 용례로 '뒤에서 갑자기 나타나서 그를 놀래 주자'와 같은 문장을 제시하고 있지만, 실생활에서 '놀래다'라는 말을 쓰는 경우는 매우 드물다. 대신 '놀래키다'를 훨씬 많이 쓰고 있다. 신문 기사들을 보자.

원수처럼 여기는 김탄이 차은상에게 관심을 갖자 김탄을 자극하기 위해 일부러 은상의 발을 걸어 넘어뜨리고 불쑥 나타나 놀래키는 등 유치한 행동을 했다.

- 『한국일보』, 2013. 11. 21.

제29회 부산국제단편영화제 최우수작품상은 젠스 아수르(Jens Assur) 감독의 "원숭이 놀래키려고 닭 죽이기(Killing the chickens to scare the monkeys)"이다.
- 『뉴스쉐어』, 2012. 5. 15.

이런 상황에서 '놀래키다'를 충청 방언으로 묶어두어야 할까? 아무리 방언이라도 널리 퍼져서 대부분의 사람이 두루 쓰면 표준어로 인정하는 게 말에 대한 예의가 아닐까 싶다.

마우재: '러시아 인'의 방언(함경).
얼마우재: 서양 사람의 흉내를 내면서 경망스럽게 구는 사람(함북).
마우재라는 말은 일제 강점기에 활동한 소설가 이태준의 작품에 아래와 같이 등장한다.

나중에 알고 보니 아라사 사람들을 통틀어 '마우재'라 일컫는 것이었다.
송빈이는 그것이 중국말로 모자(毛子)를 의미하는 것은 아직 몰라도, 퍽 천하게 여겨 부르는 줄은 짐작되었다.
- 이태준, 「첫 달밤」 중에서

어원을 밝혀줌과 동시에 예문도 함께 실어주면 얼마나 좋았을까? 실제로 표준어와 달리 방언에는 한결같이 용례나 예문을 달아놓지 않았다.

수굼포: '삽'의 방언(경상, 전남).

불수군포: '부삽'의 방언(경남).

사분: '비누'의 방언(경상, 제주).

위 낱말들은 주로 경상도 사람들이 쓰는 말인데, 처음부터 우리말이 아니었다.

'수굼포'는 일부에서 아이스크림, 밀가루 등을 덜 때 쓰는 작은 국자같이 생긴 것을 가리키는 스쿠프(scoop)를 일본 사람들이 혀 짧은 소리로 '수구포'라고 하는 것을 따라하다 생긴 말이라고 한다. 하지만 스쿠프(scoop)는 삽보다는 숟가락이나 국자에 가깝기 때문에 아귀가 잘 맞지 않는다. 그래서 삽을 뜻하는 네덜란드어 'schop'가 일본말 '스콧푸(スコップ)'로 되었다가 우리나라로 퍼진 것이라는 설명이 더 설득력 있게 들린다. 수굼포는 고을에 따라 수금포, 수군포, 수굼포 등으로 불린다. 삽은 '수굼포', 부삽은 '불수군포'로 표제어에 올렸는데, 왜 둘의 표기를 다르게 했는지 모르겠다.

수굼포와 비슷한 말로 '사분'이 있다. 사분이라는 말 역시 외국에서 건너왔다. 비누가 우리나라에 들어온 것은 1882년 청나라와의 무역협정 조인 이후라고 한다. 비누가 처음에 들어올 때는 일종의 사치품이었기 때문에 일반 사람들은 구경하는 것조차 힘들었다. 그러다가 누군가 프랑스 신부가 쓰는 비누를 보고 뭐냐고 물었더니 '사봉(savon)'이라고 했는데, 이 말이 사분으로 변하게 됐다고 한다. 일본에서도 비누를 '샤본(シャボン)'이라고 하는데, 프랑스 말 사봉이 직접 우리나라로 들어온 것인지, 아니면 일본말 샤본을 거쳐서 들어온 것인지는 확실하지 않다.

이쯤에서, 다른 나라에서 우리나라에 들어와 방언으로 정착한 말들에 대해 조금 더 알아보자. 국립국어원 홈페이지 '상담 사례 모음' 게시판에 다음과 같은 질문과 답변이 오고 간 일이 있다.

질문: 우리말 즉 한국어에는 고유어와 외래어(한자어, 서양 외래어, 일본 외래어)로 크게 나누어 볼 수 있다는데, 그럼 방언은 고유어에 속한다고 볼 수 있나요? 방언 중에는 외래어가 없나요? 그렇다면 우리말을 모두 표준어라고 볼 수는 없는 거겠죠?

답변: 외래어는 외국에서 들어온 말로 국어처럼 쓰이는 단어입니다. 방언은 사투리라고도 하며 한 언어에서, 사용 지역 또는 사회 계층에 따라 분화된 말의 체계입니다. 방언에도 외래어에서 들어온 어휘가 쓰입니다. 예를 들면, 동북 방언에서 쓰이는 가름다시(연필), 마선(재봉틀), 삭개(모자)는 러시아어에서 온 말이며, 오로시(가죽신), 쿠리매(외투)는 여진어와 만주어에서 온 말입니다. 표준어는 서울말을 중심으로 한 규범어로 우리말의 일부분입니다.

위 답변에서 소개한 외래어 방언 중 표제어로 올라 있는 것은 다음과 같다.

마선: '재봉틀'의 방언(함경).
오로시: 주로 돼지가죽으로 만들어 일할 때에 신는 신(함북).
쿠리매: '쿠루메'의 옛말.
쿠루메(kurume): 솜으로 지어 저고리 위에 입는 반코트 비슷한 핫옷. 두루마기

보다 짧으며 섶이 없고 소매가 짧다.

이상한 것은 '쿠리매'와 '쿠루메'에는 방언이라는 설명이 없다는 사실이다. 참으로 낯선 말인데도 말이다. 어쨌거나 '쿠루메'는 알파벳 표기까지 제시해 놓았다. 하지만 이 말이 여진어 혹은 만주어에서 온 말인지에 대해서는 가타부타 말이 없다. 알파벳 표기가 있으니 당연히 영어권에서 온 외래어로 착각하기 딱 알맞다.

다른 나라에서 들어온 말은 아무리 방언이라 해도 어원을 밝혀주는 것이 좋다. 적어도 '대사전'이라는 말에 어울리려면 말이다. 위에 소개한 답변 자료에서 보이듯, 연구자들은 알고 있는 사실을 왜 사전에 반영을 안 하는 걸까? 사용자 입장에서 생각해 보는 습관이 필요하다. 낱말 하나만 더 소개한다. 사전에 있는 말이다.

비지깨: '성냥'의 방언(함경).

이 말은 러시아에서 건너왔다. 표기는 'Спичка'로 하고, 발음은 '쓰삐슈까', 혹은 '스삐츠까'라고 읽는다. 발음이 어렵다 보니 그대로 흉내를 내지 못하고 '비지깨'가 되었다. 궁금해서 여기저기 돌아다니며 한참을 찾아본 끝에 알아낸 사실이다. 이런 설명을 사전에 실으면 안 되는 걸까?

안개비: 「2」 '는개'의 방언(제주).

안개비를 제주에서 '는개'의 방언으로 사용하는 게 맞을까? 사전에는 '는개'를 다음과 같이 풀이하고 있다.

『표준국어대사전』: 안개비보다는 조금 굵고 이슬비보다는 가는 비.

다음한국어사전: 안개보다는 조금 굵고 이슬비보다는 조금 가는 비.

『표준국어대사전』에서 안개비보다 굵고 이슬비보다 가늘다고 했는데, 그게 과연 어느 정도의 굵기를 가진 비일까? 나로서는 가늠이 안 된다. 이처럼 '안개비'와 '는개'는 구분이 참 어렵다. 더구나 제주도 방언은 다른 지방의 말과 확연히 차이가 나기 마련인데 뭍사람들이 쓰는 말을 그대로 빌려 왔다는 것도 납득하기 어렵다. 누군가 제주 방언으로 잘못 기록한 것을 그냥 차용한 게 아닌가 싶다.

달달하다

국립국어원 홈페이지에 다음과 같은 질문과 답변이 실려 있다.

질문: 저는 달달하다는 뜻이 달콤하다, 달다와 같은 뜻인 줄 알았는데, 사전을 검색해 본 결과 그런 뜻은 나오지 않더라고요. 달달-하다「동사」【…을】「1」춥거나 무서워서 몸이 떨리다. 또는 몸을 떨다. 「2」작은 바퀴가 단단한 바닥을 구르며 흔들리는 소리가 잇따라 나다. 또는 그런 소리를 잇따라 내다. 이렇게 나오던데, 달다의 뜻을 가진 '달달하다'는 표준어가 아닌가요?

답변: '달다'의 뜻을 지닌 '달달하다'는 사전에 표준어로 등재되지 않았습니다. '꿀이나 설탕의 맛과 같이 달다.'의 뜻을 지닌 '달달하다'는 방언으로, '강원도의 강릉, 충북'에서 쓰이며 '경남, 경북, 함북' 등에서는 '달달하다'가 '감칠맛이 있게 달다.'의 뜻으로 쓰이고 있습니다.

'달달하다'를 방언으로 처리하는 게 맞는지 선뜻 판단을 내리지 못하겠다. 위 답변에 따르면 '달달하다'를 '달다'의 뜻으로 사용하는 지역이 강원도, 충청도, 경상도, 심지어 함북 지방에서도 사용한다는데, 그렇다면 거의 전국 단위에서 쓰는 말이라고 보면 되겠다. 실제로 가장 많은 사람이 모여 사는 서울 사람들이 이 말을 가장 많이 사용하고 있는 것으로 보이기도 한다. 제발 멀쩡한 말을 방언으로 내모는 일은 없었으면 좋겠다.

장닭: 「1」((일부 속담이나 관용구에 쓰여)) '수탉'을 이르는 말. 「2」'수탉'의 방언 (강원, 경상, 충남).

같은 말이 표준어도 되고 방언도 되는 걸까? 일부 속담이나 관용구로 쓰일 때는 표준어라는 단서를 붙이기는 했으나, 그냥 쓰일 때와 어떤 차이가 있는 건지 모르겠다. 더구나 방언의 사용 범위를 강원, 경상, 충남이라고 했는데, 그렇다면 거의 전국 단위에서 쓰는 거나 마찬가지인 셈이다. 굳이 방언이라는 테두리를 쳐 놓을 필요가 없다는 생각이 든다.

뒤꼭지: 「1」'꼭뒤01(「1」뒤통수의 한가운데)'의 방언(경남). 「2」'뒤통수(「1」머리의 뒷부분)'의 방언(전남).

'꼭뒤'라는 표준어를 얼마나 많은 사람이 쓰고 있을까? 오히려 "뒤꼭지가 가렵다"와 같은 형태로 '뒤꼭지'라는 말을 훨씬 많은 사람들이 사용하고 있다. 그리고 '가는 손님은 뒤꼭지가 예쁘다'라는 속담을 사전에 올려놓고 있기도 하다. '뒤꼭지'를 과연 방언으로 처리해야 하는지 납득하기 어렵다. 사람들이 많이 사용하는 말은 방언으로, 적게 사용하는 말은 표준어로 규정해도 아무런 문제가 없는 것일까?

제 10 장

순화어의 문제

어려운 한자어나 외래어를 쉬운 말로 고쳐서 널리 쓰게 만드는 일은 우리말을 갈고 다듬는다는 측면에서 무척 중요하다. 그래서 국립국어원에서도 순화어를 만드는 일에 많은 관심과 노력을 기울이고 있다. 홈페이지를 뜻하는 '누리집'이나 네티즌을 뜻하는 '누리꾼' 같은 말들이 이러한 노력의 결실이다. 하지만 이러한 노력의 결과가 항상 좋은 결과를 가져오는 것은 아니다. 애써 만든 순화어가 사람들에게 사랑을 받지 못하고 그냥 묻혀버리는 경우가 많기 때문이다. 이러한 한계는 어쩔 수 없는 일이기도 해서 그러한 점을 문제 삼고 싶지는 않다. 그럼에도 아쉬운 점들이 있어 간단하게나마 짚어보고자 한다. 아래 낱말을 살펴보자.

볼륨(volume): 「1」 부피의 크기에서 오는 느낌. '부피감'으로 순화. 「2」 라디오, 텔레비전, 전축 따위에서 나는 소리의 크기. '소리 크기', '음량01(音量)'으로 순화. 「3」 =성량. 「4」 『미술』 손에 만질 수 있는 듯한 용적감이나 묵직한 물체의 중량감을 전해 주는 상태. 화면에 나타난 대상의 부피나 무게의 느낌을 나타내는 말로, 전체적 느낌을 가리키는 매스와 달리 부분적인 표현에 사용한다. '양감03'으로 순화. ≒양감03「2」.

위 뜻풀이에 나오는 낱말 중 '용적감'이 표제어에 없다. 그리고 순화하라는 말로 제시된 '부피감'이라는 낱말도 표제어에 없다. 물론 순화어로 제시된 말을 모두 표제어로 올리기 힘든 측면이 있긴 하다. 아래에서 소개할 '매스(mass)'의 순화어 '덩이 느낌' 같은 건 하나의 낱말로 성립하기 어렵기 때문이다. 하지만 '부피감'처럼 하나의 낱말로 되어 있고, 실제로 많은 사람들이 쓰고 있는 말을 표제어로 올리지 않는 건 무슨 까닭일까? 사전에도 싣지 않을 말을 왜 쓰라고 권하는지 이해하기 어렵다.

이번에는 위의 4번 뜻풀이에 나오는 '매스'가 낯설어서 다시 사전에서 찾아보았다.

> **매스**(mass):『미술』부피를 가진 하나의 덩어리로 느껴지는 물체나 인체의 부분. '덩이 느낌'으로 순화.

국립국어원 홈페이지 '찾기 마당'에 있는 '순화어' 코너에서 다시 '매스'를 검색해 보았더니 다음과 같이 나왔다.

매스
순화어: 덩이 느낌
원어: 영mass
순화 정도: → 될 수 있으면 순화한 용어를 쓸 것.
의미/용례: 덩어리(양피감)라는 개념으로 사용. 볼륨에 비해 전체적인 느낌을 가리킴.
비고: 국어순화용어자료집(1997), 미술용어

1997년에 만들었으니 제법 오래된 순화어이긴 한데 사람들이 얼마나 사용하고 있는지 의문이다. 하지만 앞서 말한 것처럼 그러한 점은 넘어간다 쳐도 '의미/용례'에 나온 '양괴감'이라는 말은 그냥 지나치기 어렵다. 비록 '덩어리'라는 말 뒤에 괄호를 친 다음 적어 놓은 말이기는 하지만 두 가지 측면에서 문제를 지니고 있다. 첫째는 '덩어리'라는 우리말을 신뢰하지 못해서 어려운 한자어를 제시했다는 것이고, 둘째는 '양괴감'이라는 말이 표제어에 없다는 사실이다. 어려운 말을 순화하라는 취지를 담고 있는 글에 굳이 표제어에도 없는 어려운 한자어를 끌어들인 것은 아무래도 앞뒤가 맞지 않는 일이다.

프라이드치킨(fried chicken): 닭고기에 밀가루, 양겨자 가루, 소금, 후추 따위를 묻혀 기름에 튀긴 요리. '닭고기튀김'으로 순화. ≒닭튀김.

유의어로 '닭튀김'이라는 낱말을 제시해 놓고, '닭고기튀김'으로 순화하라는 건 어떤 의도인지 모르겠다. 이미 '닭튀김'이라는 말을 많이 사용하고 있는데, 그보다 길고 까다로운 말을 순화어로 제시한다는 건 아무리 생각해도 무신경한 일이다.

짬뽕(←〈일본어〉champon):「1」중화요리의 하나. 국수에 각종 해물이나 야채를 섞어서 볶은 것에 돼지 뼈나 소뼈, 닭 뼈를 우린 국물을 부어 만든다. '초마면'으로 순화. ≒초마면.

짬뽕은 붉은색 국물을 이용해서 맵고 얼큰한 맛을 낸다. 하지만 중국집에 가서 초마면을 시키면 맑은 국물을 이용해서 담백한 맛을 내는 음식을 내준다. 짬뽕과 초마면은 서로 다른 음식인 셈이다. 순화어를 제시할 때는 두 낱말이 과연 같은 뜻으로 쓰이고 있는지 엄밀한 조사와 검토가 필요하다.

카툰(cartoon): 주로 정치적인 내용을 풍자적으로 표현하는 한 컷짜리 만화. '밑그림'으로 순화.

뜬금없이 '밑그림'이라는 말로 순화하라는 게 참 이상하다. 카툰과 밑그림은 누가 봐도 어울리지 않는 조합이기 때문이다. 다음한국어사전을 찾아봤더니 다음과 같이 되어 있다.

카툰(cartoon): (1) 시사적인 인물이나 내용을 풍자적으로 표현하여 한 컷으로 구성한 만화. (2) 삽화나 회화(繪畵)의 스케치.

『표준국어대사전』에는 두 번째 뜻풀이가 없으며, '밑그림'은 '스케치'와 서로 어울린다. 풀이도 안 해 놓고 엉뚱한 순화어를 제시했으니, '황당하다'라는 말은 이럴 때 쓰는 말인 모양이다.

콘(cone): 「1」『수공』 방직 공장에서 사용하는, 원추대에 단단히 감은 실꾸러미. 염색을 하거나 직물을 짤 때에 이런 모양의 실꾸러미를 사용한다. '원뿔타래'로 순화. 「2」『미술』 삼각추 모양의 온도 측정용 유약 응고체. '잼 추'로 순화.

1번 뜻풀이에 나오는 '원추대' 항목을 찾아가면 '원뿔대'의 전 용어라고 되어 있으며, 2번 뜻풀이에 나오는 '삼각추'는 '삼각뿔'의 전 용어라고 해 놓았다. 그렇다면 '콘(cone)'의 뜻을 풀면서 '원추대' 대신 '원뿔대'로, '삼각추' 대신 '삼각뿔'을 넣어서 풀어야 한다. 말을 바꿨으면 바꾸기 전의 말이 들어간 뜻풀이도 찾아서 다 바꿔야 하는데 미처 그런 것까지 신경을 못 쓴 듯하다. 이런 예가 꽤 된다.

한 가지 덧붙이면, 위 뜻풀이에 나오는 '실꾸러미'가 표제어에 없는데, 그렇다면 '실 꾸러미'로 띄어 써야 한다. '응고체'라는 낱말도 표제어에 없다. '원뿔 타래'나 '잼 추' 같은 순화어가 얼마나 쓰이고 있는지 모르겠지만, 순화어 제시 전에 뜻풀이라도 제대로 하면 좋겠다.

제 11 장

북한말의 문제

『표준국어대사전』이 잘한 것 중의 하나가 북한말을 상당수 함께 실어 놓았다는 점이다. 언젠가는 남북한 사람들이 함께 쓰는 통일국어대사전을 만들어야 할 테니, 그러한 작업의 밑그림을 그려 놓는다는 차원에서 보면 반갑고 기쁜 일이다.

가령, 다른 직업에 종사하지 않고 가정 살림만을 맡아 하는 주부를 북한에서는 '가두녀성(街頭女性)'이라고 한다는 사실을 알게 되는 쏠쏠한 재미 같은 것들이 있다. 하지만 그러한 기쁨도 잠시, 이해할 수 없는 항목들이 여러 개 눈에 띈다. '야채밭'을 '채소밭'의 북한말이라고 풀이해 놓았는데, '야채밭'이라는 말을 북한 사람만 쓰고 남한 사람은 안 쓰고 있을까? '접시 물에 빠져 죽지'는 남한 속담이고, '접시 물에 코를 박게 되다'는 북한 속담일까? '발기척'은 남한의 표준어인데 '손기척'은 왜 북한말일까? 예를 들자면 한이 없겠으나 북한말이라고 테두리를 쳐놓은 말들이 가엽다는 생각에 그만 더 찾아보고 싶은 마음마저 가시게 한다.

몇 가지 낱말의 사례를 들어 미심쩍은 부분들을 살펴보고자 한다.

나팔수: 「1」 나팔 부는 일을 맡은 사람. 「2」 『북한어』 자기의 주견이 없이 다른 사람의 말이나 입장을 덮어놓고 따라 외워 대는 사람. 「3」 『북한어』 =어용나팔수.

어용나팔수(御用喇叭手): 『북한어』 자신의 이익을 위하여 권력자나 권력 기관에 영합하여 행동하는 일을 일삼는 사람을 비유적으로 이르는 말. ≒나팔수

'나팔수' 항목에서 1번 풀이는 남한 사람들이 쓰는 뜻이고, 2번과 3번 풀이는 북한 사람들이 쓰는 뜻으로 풀었는데, 남한 사람들은 '나팔수'를 2번과 3번의 뜻으로는 사용하지 않는 걸까? 그렇다면 기사에서 쉽게 찾아볼 수 있는 다음과 같은 용례들은 대체 무어란 말인가?

> 정홍원 국무총리가 대승적 차원에서 공무원연금개혁에 협력해 달라며 공무원들의 집단행동을 자제해 줄 것을 요구하자 공무원노조가 '정권의 나팔수'라며 맹비난했다.
> ─『뉴시스』, 2014. 11. 06.

> 이들이 중국 지도층의 권력 투쟁에 이용되는 나팔수인지, 부정부패를 일소하는 데 앞장서는 폭로자인지 그 실체가 주목된다.
> ─『시사저널』, 2014. 09. 26.

뜸북장: '담북장'의 북한어.

'뜸북장'은 강원도와 경상도를 중심으로 널리 퍼져 있는 말이다. 뜸북장을 북한어라고 한 이유는 남한에서는 표준어로 인정을 하지 않고 북한에서는 문화어로 인정을 하고 있기 때문일 것이다. 하지만 엄연히 남한에서도 제법 널리 쓰고 있는 말을 아무런 설명도 없이 '북한어'라고 못을 박아놓은 걸 보면 난감한 마음이 든다.

운단(雲丹): '성게알젓'의 북한어.

성게에서 우리가 먹는 부분은 생식소이다. 성게는 암수딴몸이며 따라서 이 생식소는 암수에 따라 각각 난소(알을 만드는 장소)와 정소(정자를 만드는 장소)로 나뉜다. 이 난소와 정소는 색깔에 약간의 차이가 있을 뿐 맛이 같다. 따라서 흔히 '성게 알'이라 하지만 바른말이 아니다. 일본어로는 이를 '우니'라 하고, 한자로는 '雲丹(운단)'이라 쓴다. 우리나라 바닷가 사람들도 우니, 운단, 은단 등의 말을 쓰는데, 일제 강점기에 일본인들의 영향을 받은 탓이다. 성게의 생식소는 일제 강점기 때부터 일본으로 많이 수출되어 일본어가 번진 것이다. 성게의 생식소를 식품으로 이르는 우리말이 없는 셈이 되는데, '성게소'라는 단어를 만들어 써봄 직하다. '운단(雲丹)'이 북한 사전에 있다고 해서 소개를 한 모양인데, 모든 북한말을 다 실은 것도 아닌 상황이므로 이 말의 어원을 파악하고 있었다면 북한말이라고 소개하지는 못했을 것이다.

보숭이: 「1」'고물'의 잘못. 「2」'고물'의 북한어.

팥보숭이: 「1」→ 팥고물. 「2」'팥고물'의 북한어.

깨보숭이: 들깨의 꽃송이에 찹쌀가루를 묻혀서 기름에 튀긴 반찬.

차조기보숭이: 덜 여문 차조기 열매의 송이를 찹쌀 풀을 묻혀 말려서, 기름에 튀겨 만든 반찬.

위 네 개의 낱말을 비교해 보면 이상하지 않은가? '보숭이'와 '팥보숭이'는 비표준어이거나 북한어인데, 같은 보숭이가 들어간 '깨보숭이'와 '차조기보숭이'는 표준어로 처리해 놓았다. 북한말로 처리해 놓은 것도 그렇지만 표준어와 비표준어를 가르는 기준을 어디에 두고 있는 건지 아리송할 때가 많다.

게탕(-湯): 「1」 '겟국(「1」 생게를 넣고 끓인 국)'의 북한어.

나는 '겟국'이라는 말을 별로 들어보지 못했다. '게탕'은 오히려 '꽃
게탕'과 쉽게 연결이 된다. 그런데 어찌 된 일인지 몰라도 '꽃게탕'이
라는 말도 표제어에 없다.

어흠: '어험'의 북한어.

남한 사람은 '어험' 하고 북한 사람은 '어흠' 한다면 좀 우스운 일
아닌가!

처녀 때는 가랑잎 굴러가는 것만 보아도 웃는다: '처녀들은 말 방귀만 뀌어도
웃는다'의 북한 속담.

나는 왜 북한 속담이라고 되어 있는 게 더 귀에 익숙할까?

가빠(포르투갈어 capa): 『북한어』 비바람이나 눈보라를 막기 위하여 만든 두꺼운
천. 또는 거기에 고무 같은 것을 먹인 천. ≒가빠천.

'가빠'라는 말은 남한 사람들도 많이 쓴다. 다음한국어사전에는
북한말이라는 표시 없이 그냥 표제어로 올렸으며, 어원으로 일본어
(kappa)와 포르투갈어(capa) 두 개를 함께 제시했다. 『표준국어대사전』
편찬자들은 '가빠'가 일본을 거쳐서 들어온 외래어라고 인식해서 그
냥 싣기에는 왠지 꺼림칙했던 모양이다. 혹시라도 그렇다면 '가빠' 자
체를 아예 빼버리는 게 낫지 굳이 북한에서 쓰는 말이라고 소개할 필
요가 있을까?

위생면(衛生綿): '탈지면'의 북한어. '위생솜'으로 다듬음.

위생솜(衛生-): '탈지면'의 북한어.

'위생솜'이라는 낱말을 인터넷에서 검색하면 용례가 주르륵 쏟아져 나온다. 그런데 사전에서는 이 낱말을 북한말로 처리했다. 한 가지 더 궁금한 것은 '위생면'을 풀이하면서 '위생솜으로 다듬음'이라고 한 부분이다. 아마도 북한에서 한자로 된 '면(綿)' 대신 우리말인 '솜'으로 다듬은 모양인데, 그렇다면 '위생솜'만 실어도 되지 않았을까 하는 점이다.

'위생솜'이라는 말을 다룬 김에 한 가지 더 생각해 볼 문제는, 한자로 된 낱말은 우리말로 보면서 쉬운 우리말로 된 말은 북한말로 보는 시각이다. 가령 다음과 같은 낱말들이다.

즙물(汁-): '즙액'의 북한어.

물푸레껍질: '진피(秦皮)'의 북한어.

전내: 『북한어』 전 기름이나 생선 따위에서 나는 냄새.

가는톱: '세톱(날이 얇고 이가 잔 작은 톱)'의 북한어.

바람간수: 『북한어』 바람을 맞지 아니하게 몸을 간수함.

그냥 이런 말들을 모두 남한에서도 표준어로 삼으면 안 되는 걸까? 더구나 용례를 찾아보면 남한 사람들도 많이 쓰고 있는데 말이다. '바람간수'라는 말은 주로 강원도 사람들이 산모들이 찬바람을 맞으면 안 된다는 뜻에서 '산후조리'를 이를 때 쓰는 말이기도 한데, 이에 대해서는 아무런 설명이 없다.

제 12 장

용례와 출처에 대해

사전에 실린 모든 낱말에는 뜻풀이와 함께 용례가 반드시 실려야한다. 그래야 그 낱말이 실생활에서 어떻게 쓰이고 있는지를 알 수 있으며, 사람들이 정확한 쓰임에 맞게 쓰도록 안내할 수 있기 때문이다. 하지만 용례가 제시되지 않은 낱말이 무척 많다. 가령 다음과 같은 낱말을 보자.

일가(逸暇): 편안하고 여가가 있음.

실생활에서 잘 쓰지 않는 말이다. 그런데 뜻풀이만 있고 용례가 나오지 않는다. 그렇다면 저 낱말을 언제 어떻게 쓰라는 건지 난감하기만 하다. 혹시 실생활에서는 거의 쓰이지 않지만 낱말 수를 늘리기 위해 그랬다면 무책임한 처사라는 생각이 든다. 용례를 싣기 어렵다면 최소한 이 낱말이 사용된 흔적, 즉 출처라도 밝혀야 한다.

요즘은 잘 쓰지 않는 말일수록 용례와 출처가 없는 경우가 많다. 아래 낱말을 다시 살펴보자.

거꿀치: 머리를 아래쪽으로 두고 거꾸로 서서 잠을 자는 물고기.

역시 용례나 출처가 없다. 대체 어떤 종류의 물고기가 어떤 상황에 처했을 때 거꾸로 서서 잠을 자는지 알아보기 위해 아무리 인터넷 검색을 해봐도 나오지 않는다. 아무도 쓰지 않고, 언제 누가 사용했는지도 모르는 낱말이 사전에 오른 이유를 알 길이 없다. 짐작해 보자면 국어사전이란 걸 만들기 시작하던 초창기에 누군가가 찾아서 올린 말을 별다른 검증 없이 그냥 가져다 쓰고 있는 게 아닐까 싶다. 설혹 그랬을지라도 시인이나 소설가들이 사전에 있는 낱말을 발견해서 되살려 쓰는 경우도 간혹 있으므로 아주 의미가 없지는 않을 수 있다. 사전에 '아주 짙게 검붉은 빛'을 뜻하는 '거먕빛'이라는 낱말이 나온다. 용례와 출처는 없지만 이 낱말을 시어로 삼은 시인들이 더러 있다.

> 다시 찾은 가을볕 토종닭집
> 흰 빨래와 거먕빛 고추가 바짝 말라 있었다
> – 박홍식, 「가을 속 외박골에」 중에서

이런 예는 다행스러운 편이나 전혀 쓰임을 받지 못하는 낱말들도 있다. 아래 낱말들을 보자.

말버둥질: 말이 땅에 등을 대고 누워 네발로 버둥거리는 짓.

이 낱말에는 '말버둥질을 치다'라는 용례가 달려 있는데, 이걸 과연 용례라고 할 수 있을까? 더구나 '말버둥질하다'가 낱말로 잡혀 있는 상황에서. 처음에 이 낱말을 발견했을 때 '발버둥질'의 오기(誤記)가 아닌가 하는 생각을 했다. 그만큼 낯선 말이었기 때문이다. 용례나 출처도 없는데다 아무리 인터넷 검색을 하고 말에 대한 문헌을 찾아봐도 말이 누워서 네발로 버둥거리는 경우에 대한 언급이 없다. 그러니 이런 말은 되살려 쓰기도 참 어려운 노릇이다.

곤쇠아비동갑(----同甲): 나이가 많고 흉측한 사람을 낮잡아 이르는 말.

'곤쇠'도, '곤쇠아비'라는 말도 표제어에 없다. 곤쇠아비가 대체 누구기에 저런 뜻을 갖게 됐는지 아무런 설명이 없다 보니 궁금증만 일게 된다. 더구나 출처나 예문도 제시되어 있지 않아 누가 언제부터 쓰던 말인지도 알 수가 없다.

개금셔츠(開襟←shirt): =노타이셔츠.

역시 아무런 용례나 출처가 없고, 다른 사전에서도 찾기가 힘든 낱말이다. 그렇다면 이런 낱말은 이제 버려야 하는 게 아닐까? 언제 누가 썼는지도 모르고, 앞으로도 쓰일 가능성이 없는 낱말을 굳이 끌어안고 있을 필요가 있을까? 자료로서의 가치가 있다면 출처라도 찾아서 밝혀 놓는 게 사전 편찬자의 도리라고 생각한다.

토치카(러시아어 tochka): 「1」『군사』 콘크리트, 흙주머니 따위로 단단하게 쌓은 사격 진지. 늑특화점. 「2」 사날이 좋은 사람을 비유적으로 이르는 말.

1번 풀이 다음에는 용례를 제시했지만 2번 풀이 다음에는 용례를 제시해 놓지 않았다. 물론 출처도 없다. 2번 풀이에 나오는 '사날'

은 '제멋대로만 하는 태도'와 '비위 좋게 남의 일에 참견하는 일'이라는 두 가지 뜻을 지닌 말이다. 그런데 '토치카'가 그런 태도를 지닌 사람을 비유하는 뜻으로도 쓰인다는 게 언뜻 이해가 가지 않는다. 어떤 낱말이 비유하는 표현으로 쓰일 때는 보통 첫 번째 풀이와 어느 정도 관련이 있기 마련이다. 하지만 '토치카'의 첫 번째 풀이와 두 번째 풀이 사이에 특별한 연관성이 보이지 않는다. 그럼에도 누군가 '토치카'를 비유하는 표현으로 사용했을 수는 있겠다. 그렇다면 그렇게 쓰인 용례와 출처를 찾아서 밝혀 주어야 사전을 보는 사람이 납득을 할 텐데, 그런 배려가 없으니 답답하기만 하다. 아니 답답함을 넘어 사전의 신뢰성에 의문을 갖도록 만든다.

낱말 하나만 더 살펴보자.

감자돌찜: 감자를 돌 속에 묻고 그 위에 불을 때서 익힌 것.

다음한국어사전에도 나오지 않는 이 낱말 역시 답답함을 안겨 준다. 더 문제인 것은 표제어에는 분명히 '찜'이라고 되어 있는데, 뜻풀이와 연결이 안 된다는 사실이다. 사전에서 '찌다'를 찾으면 '뜨거운 김으로 익히거나 데우다'라고 되어 있으며, '김'은 '액체가 열을 받아서 기체로 변한 것'이라고 해놓았다. 사전에 나온 '감자돌찜'은 분명히 '뜨거운 김'으로 익힌 게 아니다. 뜨거운 돌의 열로 익히는 것인데, 그게 어떻게 찜이 될 수 있는지 모르겠다.

용례와 출처뿐만 아니라 경우에 따라 어원까지 밝혀주어야 말 그대로 '대사전'에 맞는 일이겠지만, 이런 상황에서 어원까지 밝혀달라

는 건 무리한 요구라는 생각이 든다, 다만 최소한의 것이라도 충실히
해주기를 바라는 마음만은 꼭 헤아려 줄 것을 부탁한다.

제 13 장

그 밖의 문제들

불란사(--紗):「1」서양 직물의 하나. 몹시 얇고 하르르하면서도 질겨 여름 옷 감으로 쓴다.「2」서양 자수에 쓰는 색실의 하나.

조효숙, 임현주 두 사람 공동 명의로 한국복식학회가 발행하는 『복식』 62권 6호(2012년)에 발표한 논문 「20세기 치마저고리의 소재 연구」에 다음과 같은 구절이 나온다.

> 그 밖에 1925년에는 살빛이 드러나고 서늘하고 좋은 당항라, 생관사, 생초가 많이 사용되었는데 특히 불란사, 혹은 아사라고 하는 '오간자'가 치마저고리 감으로 갑자기 유행하였다. 이는 구라파에 있는 서서국(瑞西國, 스위스)에서 들어온 것으로 보통 옥색, 백색, 연분홍색이 있으며 모시와 같이 산뜻하고 가격 또한 저렴하여 겹으로 짓는 저고리 한 감에 1원 30전이 들었다고 한다.

위 논문에 따르면 '불란사'는 '오간자'라는 천의 한 종류임을 알 수 있다. '오간자'는 사전에 나오지 않는데, 의류업계에서 폭넓게 쓰고 있는 용어이다. 영어로는 'oganza'라고 표기하며, 레이온 등을 사용한 평직물로 얇고 투명하며 흔히 안감용으로 사용한다고 한다. '생관사'와 '아사'라는 말도 사전에 나오지 않는다.

옷감이 아닌 색실을 나타내는 뜻으로 쓸 때의 '불란사'는 또 어떻게 된 걸까? 이화여대 자수과 학생들이 실기수업 시간에 모교 출신의

원로 자수인 엄정윤 할머니를 만나서 구술(口述)을 채록한 글에 다음
과 같은 대목이 나온다.

김 : 불란서 실이라는 거는, 불란서에서 만든 실이라는 뜻인가요?

엄 : 그게 아니고, 이건 일제거든? {네} (실을 하나 집으며) 일젠데, 그 불란서가
원조인가 보지? 그래서 이걸 불란서 실이라고 그래. 근데 이건 일제라고.
요거는 국산, 구정.

김 : 아, 구정 불란사. 이 구정 불란사가 예전부터 있던 이름 같은데요?

엄 : (실을 꼬며) 예, 예전에 있어요. 근데 그거는 광택이 없잖아.

김 : 아, 이건 일제고… 아~ 광택이…?

엄 : 광택이.

김 : 광택이 다르네요?

'불란사'를 사전에서 표기할 때 '사(紗)'만 한자이고 '불란'은 우리말
처리를 해놓았다. 그렇다면 당연히 '불란'이 무엇에 바탕을 둔 말인지
궁금하지 않을까? 나는 궁금해서 이리저리 찾아보았고, 위 내용이 내
가 찾아서 정리한 것이다.

옛날에 '구정 불란사'라는 상표의 실이 있었다는 건 검색을 해보면
금방 나온다. 그리고 '무궁화표 불란사'도 있었다고 한다. 위 구술에
의하면 '불란사'는 '불란서 실'을 줄여서 만든 말임을 짐작해 볼 수 있
다. 그렇다면 '佛蘭紗'라고 표기하는 게 옳다.

국어사전을 통해 낱말의 어원과 유래에 대해 알고 싶은 건 지나친
욕심일까?

바른손과 학부형

바른손: =오른손.

바른쪽: =오른쪽.

바른손잡이: =오른손잡이.

'바른손'을 '오른손'의 뜻으로 쓰는 건 왼손잡이들에 대한 차별을 담은 말이라는 주장이 오래전부터 제기됐다. 그런 비판이 정당하다면 해당 낱말을 사전에서 빼거나 아니면 뜻풀이라도 바꿔주면 어떨까? 예를 들어 '오른손의 잘못된 표현'이나 '예전에 오른손을 일컫던 말' 정도로.

학부형(學父兄): 학생의 아버지나 형이라는 뜻으로, 학생의 보호자를 이르는 말.

이 말도 마찬가지다. 어머니 대신 형이 들어간 것은 옛날 유교 전통의 가부장제 사고방식이 녹아든 말이다. 지금은 학교에서도 '학부형' 대신 '학부모'라는 말을 쓰고 있다. '바른손'과 같은 방식으로 처리하면 좋겠다.

한자를 사용하는 외국 사람의 인명 표기

『표준국어대사전』에 나오는, 한자를 사용하는 나라의 인명 몇 가지를 살펴보자.

모택동(毛澤東): 『인명』 '마오쩌둥'을 우리 한자음으로 읽은 이름.

호지명(胡志明): 『인명』 '호찌민01'을 우리 한자음으로 읽은 이름.

장개석(蔣介石): 『인명』 '장제스'를 우리 한자음으로 읽은 이름.

임표(林彪): 『인명』 → 린뱌오.

강청(江青): 『인명』 → 장칭.

주은래(周恩來): 『인명』 → 저우언라이.

앞의 세 명과 뒤의 세 명에 대한 풀이가 다른 것은 무엇 때문일까? 한 나라의 최고 책임자 자리에 올랐던 사람과 그렇지 않은 사람이라는 차이가 눈에 띈다. 그런 이유가 뜻풀이의 차이를 만들었다면 참 인색한 처사라는 생각이 든다. 어떤 쪽으로든 한 가지 풀이 방법으로 통일을 하는 것이 제대로 된 방식이다. 다음한국어사전은 양쪽을 모두 표제어로 올려놓은 다음 두 군데 모두에서 인물에 대한 설명을 달았다.

앞에서 다루지 못한 내용들 가운데 사소한 듯하지만, 그냥 넘어가기에는 찜찜한 것들을 모아서 정리해 보았다.

다가구주택(多家口住宅): 19세대 이하가 거주할 수 있는 단독 주택의 하나. 현행법에는, 3층 이하로 연면적이 660㎡ 이하인 건물을 이른다.

뜻풀이에 나오는 '연면적'을 찾았더니 다음과 같은 풀이가 나온다.

연면적(延面積): 건물 각 층의 바닥 면적을 합한 전체 면적. '총면적'으로 순화. ≒연건축면적.

'총면적'으로 순화하라고 했으면, '다가구주택'의 뜻을 풀 때 '연면적' 대신 '총면적'이라는 낱말을 써야 하는 게 아닐까?

불소중독증(弗素中毒症): 일정한 양의 플루오르를 오래 먹었을 때 이와 뼈의 발육 장애를 일으켜 이가 얼룩덜룩해지거나 뼈엉성증이 생기는 병.
불소치약(弗素齒藥): 플루오르를 알맞게 섞어서 만든 치약. 플루오르에는 치아에 해로운 효소를 없애는 효과가 있다.
플루오르(〈독일어〉Fluor): '플루오린'의 전 용어.

'플루오르'가 '플루오린'의 전 용어라면 '불소중독증'과 '불소치약'의 뜻을 풀 때 '플루오르' 대신 '플루오린'을 써야 한다.

메린스(←〈에스파냐어〉 merinos): → 모슬린.
목메린스(木←〈에스파냐어〉 merinos): 당목을 바래서 염색하여 손질한 뒤 보풀을 일으켜서 순모(純毛) 모슬린과 비슷하게 만든 면직물.

'메린스' 뜻풀이에 → 표시가 있는 것은 표준어가 아니므로 '모슬린'이라는 표준어의 뜻풀이를 참고하라는 말이다. 그런데 왜 '목메린스'는 그냥 표준어일까?

갈가마귀: '갈까마귀(까마귓과의 새)'의 방언(강원, 경북, 전남, 충청).
만아(晚鴉): 해가 저물 때 날아가는 갈가마귀.

'갈가마귀'를 방언이라고 해놓고, '만아'의 뜻풀이에 갈까마귀가 아닌 갈가마귀가 나오는 건 어찌 된 일일까?

산낙지

어린 아이들이 살아 있는 낙지를 뜻하는 '산낙지'를 음식점 간판에서 보고 낙지가 산에도 사느냐고 묻는 경우가 종종 있다. 아직 하나의 낱말로 인정하고 있지 않으므로 '산 낙지'처럼 띄어 써야 하나 대부분 '산낙지'로 붙여 쓰고 있는 상황이다. 그렇다면 이참에 아예 한 낱말로 인정하면 안 될까? 그런 예가 없다면 몰라도 다음과 같은 낱말들이 있다.

산송장: 살아 있는 송장이라는 뜻으로, 살아 있으나 활동력이 전혀 없고 감
각이 무디어져 죽은 것과 다름없는 사람을 이르는 말.
산울타리: 산 나무를 촘촘히 심어 만든 울타리. 탱자나무, 측백나무, 아카시
아 따위가 주로 이용된다. ≒산울01.

'산송장'은 오래 전부터 써오던 말이니 그렇다 해도 '산울타리'라는
말은 낯선 사람이 많을 것이다. 살아 있는 나무를 심은 울타리를 '산
울타리'라고 하는데, 살아 있는 낙지를 '산낙지'라고 하지 못할 이유가
없어 보인다.

읍성(邑城): 한 도시 전체를 성벽으로 둘러싸고 곳곳에 문을 만들어 외부와 연
결하게 쌓은 성. 중국의 성곽에서 흔히 볼 수 있다.

우리나라에도 많은 읍성이 있으며 '해미읍성'과 '고창읍성' 같은 말
이 표제어에 있는데 굳이 '중국의 성곽에서 흔히 볼 수 있다'라는 말
을 덧붙였어야 했을까?

목구경기(木毬競技): =볼링.
목구(木毬): 격구에서 쓰는 나무 공.

사전에서는 '볼링'과 동의어로 '십주희(十柱戱)'와 '목구경기(木毬競

技)'라는 낱말을 제시하고 있다. 그런데 '목구경기'라는 말이 참 낯설고 이상하다. 그래서 '목구(木毬)'를 찾아보았더니 위의 내용처럼 격구에서 쓰는 공이라는 풀이가 나온다. 격구는 볼링과 전혀 다른 운동이다. 어떻게 된 걸까? 볼링을 가리켜 '목구경기'라고 부르는 경우가 있는지, 있다면 누가 언제 그랬는지 밝혀야 하는데 내 재주로는 그런 정황을 찾을 수가 없다.

플라텐(Platen, August Graf von): 독일의 시인(1796~1835). 소네트(sonnet)와 오드(ode) 등의 정형시를 지었으며 희곡도 썼다. 작품으로는 남유럽의 자연과 예술미를 엄격한 시형(詩型) 속에 담은 시집《베네치아의 소네트》가 있다.

엘레게이아(〈그리스어〉elegeia): 그리스의 시형(詩型). 피리를 반주로 하여 애도와 조위(弔慰)를 나타내는 가요 형식이었는데, 후에 엘레지로 변화하였다.

시쟁(〈프랑스어〉sixain):「2」19세기에 유행한 프랑스 시형(詩型)의 하나. 육행(六行)의 시구로 이루어진다.

위 세 항목에 공통으로 나오는 '시형(詩型)'이라는 낱말의 한자와 아래 항목에 나오는 '시형(詩形)'이라는 낱말의 한자가 왜 다른 걸까?

클로델(Claudel, Paul Louis Charles Marie): 프랑스의 외교관·시인·극작가(1868~1955). 각지의 대사(大使)를 지냈으며, 독특한 음률을 살린 새로운 시형(詩形)을 창조하였다. 작품에 시집《오대 송가(伍大頌歌)》, 희곡〈마리아의 고지(告知)〉,〈비단 구두〉따위가 있다.

내시(Nash, Ogden): 미국의 시인(1902~1971). 관습에 얽매이지 않은 자유로운 시형(詩形)으로 풍자와 유머가 담긴 지적인 시를 썼다. 작품에 뮤지컬 〈비너스의 일촉(一觸)〉, 시집에 《자유스러운 회전》 따위가 있다.

표제어에는 '시형(詩形)' 하나만 실려 있으며, '시적인 형식. 또는 시의 형식'이라고 풀이해 놓았다. 다음한국어사전도 마찬가지다. 그렇다면 '시형(詩型)'은 과연 어디서 온 걸까?

나오며

지금까지 『표준국어대사전』이 지닌 문제들을 두루 살펴보았다. 하지만 이 책에서 짚은 것은 그야말로 빙산의 일각에 지나지 않는다. 사전에 실린 50만 개가 넘는 낱말들을 모두 점검할 수도 없고, 그저 내가 설정한 틀에 맞추어 눈에 띄는 것들 중심으로 엮었을 뿐이다. 명사가 아닌 낱말들과 한자 표기의 정확성, 발음, 속담, 관용구 등의 문제에 대해서는 아예 접근해 보지도 못했다. 사전의 모든 것을 다루는 건 나의 한계를 벗어나는 일이기도 하다. 그럼에도 『표준국어대사전』의 허술함과 문제점들이 눈에 보일 만큼 뚜렷하게 드러났다고 생각한다.

가장 큰 문제는 사전 편찬자들에게 우리말에 대한 사랑과 제대로 된 사전을 만들겠다는 소명의식이 부족하다는 사실이다. 그건 어쩌면 국립기관이 주도해서 만드는 사전이라는 데서 오는 한계인지도 모른다. 책임의 소재가 불명확하고, 제대로 된 토론과 효율적인 협업, 신속한 의사 결정의 어려움 같은 것들이 두루 작용했을 것이다. 하지만 그런 것들은 결국 책임회피의 소재가 될 뿐이다. 지금이라도 문제의식을 갖고 제대로 된 사전을 만들기 위한 대수술에 들어가기를 바란다.

마지막으로 올바른 수술을 위해 해야 할 일을 몇 가지로 정리해서 제시해 보려고 한다.

첫째, 전문어 중심주의를 버려야 한다.

일단 쓸데없이 어렵기만 한 전문어를 가려내는 작업을 해야 한다. 내 판단에는 절반 이상 솎아내도 큰 문제가 없을 듯하다. 그런 다음 추려진 낱말들을 가능하면 쉬운 말로 다시 풀어주어야 한다. 지금의 사전은 각 방면의 전문가들이 풀이해 온 걸 거의 그대로 옮겨 싣는 수준에 지나지 않는다. 그 분야의 전문가가 아니라도 웬만큼은 알아들을 수 있는 말로 바꿀 필요가 있다. 보통 수준의 지식을 가진 사람들에게 뜻풀이를 보여준 다음 이해할 수 있을 때까지 고치는 것도 하나의 방법이 될 수 있지 않을까? 뜻풀이의 전면 재검토는 전문어뿐만 아니라 일반어들의 풀이도 마찬가지다.

둘째, 보통 사람들의 숨결이 담긴 일반어와 생활어들을 많이 찾아서 실어야 한다.

생활어를 찾고 싶으면 시와 소설을 많이 읽고, 낱말 채집단이나 민중 구술단 같은 것을 만들어 직접 발로 뛰어야 한다. 우선 우리말의 보고(寶庫)라고 알려진 홍명희의 대하소설 『임꺽정』이라도 정독을 하면서 그 안에 있는 낱말들을 찾아보기 바란다. 그러면 다음과 같은 문장 속에서 '달구비'라는 낱말을 만날 수 있을 것이다.

삭불이가 낮에 왔다 갈 제에 밤에 다시 오마고 말하였지만, 무서운 달구비를 맞고 올 것 같지 아니하였다.

다음한국어사전에서는 '달구비'를 표제어로 삼아 '빗발이 아주 굵게 쏟아지는 비'라고 풀이해 놓았다. '달구비'는 '달구질'에서 온 말이다. '달구질'은 달구, 즉 땅을 단단히 다지는 기구로 집터나 땅을 단단히 다지는 일을 뜻하는 말이다. 마치 달구질을 하듯이 내리는 비라는 뜻으로 만든 말이 '달구비'이다. 이런 아름다운 말을 버려야 하겠는가.

시인들이 즐겨 쓰는 낱말 중에 '꽃몸살'이 있다. '꽃몸살'은 꽃망울이 막 터질 무렵에 꽃샘추위가 와서 잠시 생장이 멈추는 현상을 말한다. 거기서 나아가 꽃피는 계절에 겪는 사람들의 들뜬 심리 같은 걸 뜻하기도 한다. 이런 말들이 문학작품 속에 여기저기 흩어져 있다. 그런 말들을 사전 안으로 끌어와야 한다. 더 이상의 안일함을 버리고 국민들의 언어생활을 풍요롭게 하는 데 국어사전이 훌륭한 길잡이가 될 수 있도록 하겠다는 생각을 가졌으면 한다.

셋째, 일반어 중에서도 더 이상 언어로서 효용성이 없거나 잠시 유행어 수준으로 지나가버린 것들은 빼고, 새로 생겨난 말들을 찾아내어 등재하는 쪽으로 관심을 넓혀야 한다. 가령 골동품을 마구 사들이는 '골부인'이나 기독교 교리를 고지식하게 따르는 '골예수' 같은 말들을 계속 사전에 실어둘 필요가 있는지 의심스럽다. 항의 표시로 리본을 다는 것을 뜻하는 '리본투쟁' 같은 말들도 마찬가지다. 꼭 실어야 할 말이 실리지 않고 필요 없는 말이 실린 사전이 되어서는 안 된다. 그보다는 식당에서 음식을 덜어먹을 때 쓰는 작은 접시를 뜻하는 '앞접시', 음식 맛이 좋기로 유명한 식당을 이르는 '맛집', 산을 좋아해서 자주 찾는 사람을 일컫는 '산꾼', 지우개를 사용해서 생긴 찌꺼기인 '지우개똥' 같은 말을 얼마든지 찾아내서 실을 수 있다. 요즘은 배우자(配偶者)을 일컬어 '옆지기'라는 말을 쓰는 사람들이 많은데, 아직은 폭넓게 쓰이지 않아 당장 사전에 올리지는 못할지라도 이런 아름다운 말들을 계속 모아갈 필요가 있다.

국립국어원이 아예 손을 놓고 있는 건 아니고 분기별로 『표준국어대사전』 수정 작업을 하고 있다. 홈페이지 공지사항에 다음과 같이 2014년도에 수정한 내용을 밝히고 있다.

구분	1·2분기	3분기	4분기
표제어 추가	5개	15개	4개
표제어 수정	3개	4개	0개
뜻풀이 추가	8개	5개	10개
뜻풀이 수정	1개	6개	4개
문법 정보 수정, 기타	2개	1개	4개

위 표에 나오는 수정 항목 수를 보면 『표준국어대사전』이 지닌 오류나 문제점을 해결하기에는 턱없이 부족한 숫자다. 이와는 별도로 가끔씩 표준어 사정 작업을 해서 결과를 발표하기도 한다.

국립국어원은 "언어 사용 실태 조사 및 여론 조사를 통해 국민의 언어생활에 불편한 점이 없는지를 지속적으로 점검하고, 그 결과를 규범에 반영함으로써 국민들이 국어를 사용할 때에 더욱 만족할 수 있도록 계속 노력할 계획"이라고 밝혔다.

- 『중앙일보』, 2014. 12. 15.

국립국어원이 새롭게 표준어 13개를 추가했다는 내용의 기사에 나오는 말이다. 추가할 게 겨우 13개뿐이었을까? 그것도 2011년에 '짜장면', '맨날', '눈꼬리' 등 39개를 표준어로 인정한 지 3년이나 지나서 이루어진 조치인데도 말이다. 지금 당장 수백 개를 올려도 모자랄 판이라는 게 내 생각이다. 그러니 '계속 노력할 계획'이라는 국립국어원 관계자의 말이 나에게는 허언(虛言)으로만 들릴 뿐이다.

넷째, 이미 나온 다른 사전들을 찾아서 서로 비교해 보는 것도 하나의 방법이겠다. 다른 사전들도 여러 가지 문제들을 가지고 있지만 서로 타산지석으로 삼아서 배울 것은 배우고 버릴 것은 버리면 지금보다 나은 사전을 만들 수 있는 길이 보이리라고 믿는다. 국립기관이 펴낸 국어사전이라면 예전에 나온 국어사전을 뛰어넘어야 하는데, 거기서 한 발짝도 제대로 나아가지 못하고 있다는 생각이 든다. 이미 옛날 사람들이 풀어놓은 뜻풀이를 그대로 가져오거나 오류까지도 되풀이하는 건 민망한 일이다.

마지막으로 덧붙일 말은, 어떤 일이든지 의지가 중요하다는 사실이다. 내가 이 책의 초고를 마치는 데 두 달 정도 걸렸다(이후 조금씩 보완을 하기는 했지만). 그것도 직장생활을 하면서, 더구나 일주일에 며칠씩 술을 마시면서도 그랬다. 자랑하고 싶어서가 아니라 한 사람이 마음먹고 두 달 남짓에 이 정도의 작업을 마쳤는데, 많은 연구자들이 포진해 있을 국립국어원에서 손을 놓고 있다면 그건 잘못을 바로잡을 의지가 없어서라고 말할 수밖에 없다. 이 책이 부디 국어사전다운 국어사전을 만드는 데 조금이라도 보탬이 되기를 바란다.

미친 국어사전
국립국어원의 『표준국어대사전』 비판

2015년 10월 5일 초판 1쇄 펴냄
2018년 5월 25일 초판 2쇄 펴냄

지은이 박일환

펴낸이 정종주
편집주간 박윤선
편집 이소현 강민우
마케팅 김창덕

펴낸곳 도서출판 뿌리와이파리
등록번호 제10-2201호(2001년 8월 21일)
주소 서울시 마포구 월드컵로 128-4 2층
전화 02)324-2142~3
전송 02)324-2150
전자우편 puripari@hanmail.net

디자인 정은경
종이 화인페이퍼
인쇄 및 제본 영신사
라미네이팅 금성산업

ⓒ 박일환

값 12,000원
ISBN 978-89-6462-061-8 03710

이 도서의 국립중앙도서관 출판예정도서목록(CIP)은 서지정보유통지원시스템 홈페이지(http://seoji.
nl.go.kr)와 국가자료공동목록시스템(http://www.nl.go.kr/kolisnet)에서 이용하실 수 있습니다.(CIP
제어번호: CIP2015025674)